Heinemann®

GEBÄCKTRÄUME

Heinemann®

GEBÄCKTRÄUME

Kekse, Plätzchen & süße Verführungen des Meister-Patissiers

südwest

INHALT

EINFÜHRUNG

Was passt am besten zum Tee oder zum Kaffee am Nachmittag? Wie überbrücken Sie Gelüste am Vormittag? Womit stärken Sie sich auf Ausflügen oder längeren Reisen? Und wodurch werden Feiertage zu kulinarischen Festen? Die Antwort ist einfach: verlockendes Gebäck. Ob Kekse oder Plätzchen, ob kleine Teilchen, Schnittchen oder Tortelett: Die süßen Verführungen aus dem Backofen versprechen stets neue Genüsse bei jeder Gelegenheit!

Wer mag sich das beliebte und vielseitige Kleingebäck aus dem Alltag wegdenken? Es kommt in kleinen, mundgerechten Portionen daher. Meist lässt es sich leicht verpacken und transportieren. Zusätzlich ist es oft länger haltbar. Und wenn sie nicht mit Schokolade zubereitet wurden, können die süßen Kleinigkeiten sowohl in der heißesten Mittagssonne als auch bei winterlichen Schneewanderungen genossen werden.

SÜSSES GEBÄCK: BELIEBT SEIT JAHRTAUSENDEN

Kleinbäckerei und Patisserie haben eine lange Tradition. Schon aus dem alten Ägypten und der römischen Antike ist der Genuss von köstlich-süßen Speisen überliefert, die aus Getreide und Honig hergestellt wurden. Und auch im Mittelalter haben Mönche, die für ihr Kerzenwachs naturgemäß Bienen züchten mussten, mit Honig gebacken, um sich und wandernde Pilger stärken zu können.

Die Verwendung von Zucker blieb dagegen lange Zeit den Reichen vorbehalten. Erst ab Mitte des 18. Jahrhunderts wurde Zucker durch maschinelle Herstellung und den Anbau von Zuckerrüben mit hohem Zuckergehalt auch für breite Bevölkerungsschichten zugänglich. Und damit begann endgültig der Siegeszug des süßen Kaffee-Gebäcks.

BUNTE PALETTE

In guten Konditoreien bekommen Sie einen Überblick darüber, wie vielfältig die Möglichkeiten sind, die von der Patisserie geboten werden. Leider entscheiden sich heutzutage viele aus Kostengründen für industriell gefertigte Kekse und Backwaren aus dem Supermarkt. Oft wird dabei die mangelnde Qualität durch höhere Quantität ausgeglichen. So werden Backwaren von einem bewusst erlebten kulinarischen Hochgenuss zu einem lieblos konsumierten Massenprodukt. Wie befriedigend ist es dagegen, selbst zu backen. Mit besten und keineswegs teuren Zutaten lassen sich die wunderbarsten und verführerischsten Ergebnisse erzielen. Normalerweise hat jeder einen Vorrat davon im Haus: Mehl, Zucker, Butter und Eier, vielleicht noch etwas Milch … und schon können Sie losbacken! Mit diesem Buch will Heinz-Richard Heinemann Sie dazu anregen, aktiv zu werden und seine ausgewählten besten Rezepte für süßes Gebäck selbst auszuprobieren.

DIE WICHTIGSTEN ZUTATEN

Die häufigsten Zutaten bei Gebäck sind Mehl, Butter, Zucker, Milch, Sahne und Eier. Gerade bei diesen Lebensmitteln erlauben es die hohen Qualitätsstandards und die strengen EU-Lebensmittelgesetze, dass auch preiswerte Produkte bedenkenlos verwendet werden können. Sie können zwar zur günstigsten Butter,

Die meisten Zutaten hat man fast immer vorrätig, so dass die feinen Rezepte gleich ausprobiert werden können.

Ob dunkle oder helle Kuvertüre, bittere, weiße oder Milchschokolade – alle werden eingesetzt für die verlockenden Rezepte dieses Buches.

zum preiswertesten Mehl, zum billigsten Zucker greifen, doch der Geschmack wird natürlich besser, wenn Sie auch hierbei auf höchste Qualität achten.

Wenn Sie in den Rezepten keine anderen Angaben finden, so sollten Sie beim Backen grundsätzlich immer Mehl vom Typ 405 oder 550 verwenden. Gesalzene Butter kommt natürlich für süßes Gebäck nicht in Frage. Mild-gesäuerte Butter sorgt, wie das Wort es ja schon nahe legt, für einen milderen Geschmack als Sauerrahmbutter. Ansonsten haben Sie bei Butter jedoch freie Wahl.

Wenn Milch als Zutat vorkommt, so ist damit stets Vollmilch gemeint. Fettarme Milch liefert schon allein vom Geschmack her normalerweise keine befriedigenden Ergebnisse. Verwenden Sie außerdem immer frische Milch und frische Sahne, nicht die ultrahocherhitzten und dadurch länger haltbar gemachten Produkte.

Ganz allgemein sind Bio-Produkte natürlich vorzuziehen. Das gilt insbesondere für Eier, denn neben Inhaltsstoffen und Qualität machen sich die besseren Lebensbedingungen des Geflügels auch beim Geschmack sehr deutlich bemerkbar. Nicht nur aus Gewissensgründen lohnt es sich deshalb, ausschließlich Bio-Eier einzukaufen.

Fondant, Kuvertüre & Co.

Während die Grundzutaten sehr einfach zu beschaffen sind, kommen in einigen Rezepten auch spezielle Zutaten vor, die nicht in jedem Geschäft erhältlich sind. So wird beispielsweise für einige Rezepte ein Überzug aus Fondant verlangt. Dabei handelt es sich um eine weiße, zart schmelzende Zuckermasse, die aufgrund ihrer vielseitigen Verarbeitungsmöglichkeiten in praktisch jeder Konditorei verwendet wird, in Supermärkten aber fast nie zu bekommen ist. Fragen Sie am besten in einer Konditorei Ihres Vertrauens nach. Ansonsten können Sie Fondant auch via Internet bestellen (siehe Glossar).

In einigen Rezepten werden Sie auch verschiedene Arten von Kuvertüre finden. Es gibt dunkle Kuvertüre, die vom Kakaogehalt einer Edelbitter-Schokolade entspricht, und helle Kuvertüre: Damit ist hellbraune Kuvertüre gemeint, die den Kakaogehalt einer Vollmilchschokolade aufweist. Weiße Kuvertüre enthält nur Kakaobutter. Wenn Sie keine Kuvertüre im Haus haben, können Sie notfalls die entsprechende Schokolade verwenden, auch wenn diese sich gelegentlich nicht ganz so einfach verarbeiten lässt.

Kuvertüre bildet außerdem einen wichtigen Bestandteil von Canache. Diese köstliche Creme wird aus gleichen Mengen an Sahne und Kuvertüre hergestellt, indem die Sahne erhitzt, die Schokolade darin aufgelöst und das Ganze über Nacht kühl gestellt wird. Vor der Verarbeitung wird die Canache mit einem Handrührgerät 10 bis 15 Minuten aufgeschlagen. Canache bildet die Basis vieler Pralinen, kann aber auch als Füllung zwischen zwei Kekse gegeben oder einfach aufgestrichen werden. Köstlich!

Die Mengenangaben

Natürlich gibt es für alle Rezepte Mengenangaben. Diese sind aber oft nicht so einfach verständlich, wie es zunächst aussieht. Eier sind dafür ein gutes Beispiel: Je nach Größe können Eier unter 53 Gramm (Größe S), 53 bis 63 Gramm (Größe M), 63 bis 73 Gramm (Größe L) oder sogar mehr als 73 Gramm wiegen (Größe XL). Professionelle Konditoren, die oft mit großen Mengen arbeiten, geben deshalb bei Eigelb und Eiweiß die Mengen in Gramm an.

In diesem Buch wird von einem durchschnittlichen Ei der Größe M ausgegangen. Passen Sie also die Anzahl der Eier notfalls an, wenn Sie für ein Rezept mehrere Eier brauchen und nur Eier der Größe S oder der Größe L/XL vorrätig haben.

Ganz allgemein gilt die Faustregel: 20 Milliliter entsprechen 20 Gramm. Um entsprechende Mengen abzumessen, können Sie entweder einen Messbecher oder eine Waage verwenden. Für Flüssigkeiten können Sie sogar ein Schnapsglas zum Abmessen benutzen, da diese ebenfalls auf genau 20 Milliliter geeicht sind. Bei nicht geeichten Schnapsgläsern könnten Sie allerdings eine Überraschung erleben!

Ess- und Teelöffel

Andere Maßeinheiten, die im Buch oft vorkommen, sind Mengenangaben in Form von Esslöffeln (EL) oder Teelöffeln (TL). Hierbei sind grundsätzlich keine gehäuften Löffel, sondern gestrichene Löffel gemeint. Kompliziert wird die Angelegenheit außerdem dadurch, dass einige moderne Esslöffel deutlich flacher geformt sind als die klassischen Esslöffel, die für die Mengenangaben verbindlich sind.

Wenn Sie also die Esslöffel-Angaben umrechnen möchten, können Sie sich daran orientieren, dass ein Esslöffel Flüssigkeit (Milch, Wasser usw.) oder auch ein Esslöffel Zucker etwa 15 Milliliter beziehungsweise 15 Gramm entspricht. Bei Mehl und Puderzucker sollten Sie dagegen mit 10 Gramm rechnen, bei Speisestärke mit 9 Gramm. Kakaopulver ist besonders leicht: Hier reichen bereits 6 Gramm, um einen Esslöffel zu füllen, während Sie bei Honig mit 20 Gramm pro Esslöffel rechnen sollten. Für Teelöffel gilt: Rechnen Sie bei Honig mit 6 Gramm pro Teelöffel, bei Zucker mit 5 Gramm, bei Mehl, Stärke, und Puderzucker mit 3 Gramm.

Konditoren sind keine Köche

Vielleicht fragen Sie sich bei all diesen Zahlen, ob nicht ein grober Schätzwert oder mit Gefühl geschätzte Mengen genauso gut funktionieren wie exakt abgewogene Mengen. Hierzu hat Heinz-Richard Heinemann allerdings eine klare Meinung: Köche dürfen durchaus einmal schätzen, Konditoren jedoch keinesfalls! Denn gerade beim Backen wirken sich viele verschiedene Zutaten stets im Zusammenspiel auf Geschmack und Konsistenz aus. Wer statt einer Waage oder einem Messbecher also lieber das grobe Augenmaß bemüht, darf sich nicht wundern, wenn ein Rezept nicht gelingt.

Und natürlich gilt wie immer bei Heinz-Richard Heinemann die Regel: Verwenden Sie immer möglichst frische Zutaten, nie künstlich haltbar gemachte Produkte! Bei Obst sollten Sie stets auf reife, frische Früchte der Saison zurückgreifen und tiefgefrorenes Obst nur für Füllungen nehmen, denn für einen Kuchenbelag sind sie nicht dekorativ genug.

Heinz-Richard Heinemann wünscht Ihnen viel Vergnügen und jederzeit gutes Gelingen beim Backen Ihres persönlichen Lieblingsgebäcks!

Stellen Sie vor dem Backen nicht nur die erforderlichen Zutaten, sondern auch das »Werkzeug« bereit, damit Sie alles gleich zur Hand haben.

Klassisches Kleingebäck

Ob mit Gästen, in der Familie, am Arbeitsplatz oder in Momenten stiller Besinnlichkeit: Das hier vorgestellte Gebäck hat für jeden Geschmack etwas zu bieten. Passen Sie das Rezept Ihrer Wahl gegebenenfalls an Ihre eigenen Wünsche an … und freuen Sie sich auf köstliches, selbst gemachtes Gebäck!

PLÄTZCHEN, KEKSE & MEHR

Am Nachmittag, als Nachtisch oder einfach für zwischendurch: Kleines Gebäck bietet stets neue Gaumengenüsse, die jeden Tag versüßen. Nichts passt besser zum Kaffee als einfache Plätzchen wie der beliebte Heidesand oder fruchtige Orangendukaten! Oder zum Tee köstliche Mandelhörnchen und edle Makronen? Espresso-Liebhaber und »amici d'italia« begeistern sich für gefüllte Amaretti oder knusprige Cantuccini di Prato. Backen Sie diese kleinen und feinen Klassiker, Sie selbst und Ihre Gäste werden begeistert sein.

Kekse, Plätzchen und feines Gebäck passen nicht nur zur Weihnachtszeit! Tatsächlich gibt es in unterschiedlichen Ländern und Regionen typische Gebäcksorten, die als süße kleine Stärkung unabhängig von Jahreszeiten und Feiertagen gerne zu warmen und kalten Getränken serviert werden. In Norddeutschland wird Ihnen beispielsweise auch mitten im Sommer Heidesand gereicht, wenn Sie auf einen Tee oder Kaffee vorbeischauen. Gerade in Ostfriesland, wo es Tradition ist, Freunde und Gäste ebenso wie kurzfristige Besucher stets zu einer Tasse Tee einzuladen, sind diese zwar einfachen, doch sehr schmackhaften Mürbeplätzchen stets willkommen.

Wer besonders große und dezent fruchtig schmeckende Kekse bevorzugt, findet in Österreich ein großes Angebot. Denn die berühmten Linzer Augen weisen in ihrer klassischen Form Größen zwischen 8 und 10 cm Durchmesser auf und bestehen aus zwei übereinandergelegten Keksen mit Marmeladenfüllung. Genau das Richtige, wenn eine längere Pause zwischen zwei Mahlzeiten überbrückt werden muss!

PASST AUCH ZU WEIN: GEBÄCK AUS DER TOSKANA

Wer kennt nicht die knusprigen Cantuccini, das traditionelle italienische Mandelgebäck, welches in seiner ursprünglichsten Form aus der Provinz Prato in der Toskana stammt? Sie passen übrigens nicht nur hervorragend zu Kaffee und Espresso, sondern werden in ihrer Herkunftsregion auch gerne zusammen mit einem Glas süßem Wein als Dessert gereicht, bevorzugt natürlich mit Vin Santo, dem oft als Messwein verwendeten »heiligen Wein«, einer weiteren typisch toskanischen Spezialität.

Wenn Sie jedoch Heinz-Richard Heinemann nach seinem persönlichen Lieblingsrezept fragen, dann wird er ganz bestimmt Bobbes nennen. Damit ist ein köstlich streuseliges Gebäck aus Mürbeteig mit einer Füllung aus Marzipan, Rosinen, Orangeat und Zitronat gemeint. Ein Gedicht … wer könnte da widerstehen? Frisch zubereitet schmeckt ein Bobbes natürlich besonders gut!

Ideal für eine klassische »Teatime«

Ein besonders einfaches Teegebäck, das den feinen Geschmack des Tees nicht erschlägt, sondern perfekt ergänzt, ist das bekannte und beliebte Shortbread. Auf den britischen Inseln erfreut sich dieses Gebäck großer Popularität, und insbesondere in Schottland gehört es selbstverständlich zu jeder Tasse Tee! Rezepte für Shortbread sind schon aus dem Mittelalter überliefert. Ursprünglich wurde es aus Hafermehl hergestellt, heute meist aus Weizenmehl. Auf der nächsten Seite finden Sie ein Rezept, das Heinz-Richard Heinemann schon während seiner Lehrzeit in Lausanne bei der renommierten Confiserie Mojonnier kennen und schätzen lernte.

Duftender Kaffee und selbst gebackene Kekse nach Rezepten von Heinz-Richard Heinemann ergänzen sich zu einem ganz besonderen Genuss.

SHORTBREAD

FÜR 4 RUNDE SHORTBREADFLADEN

300 g Butter
200 g Zucker
1 TL Salz
500 g Mehl

Zubereitungszeit:
ca. 15 Minuten

Kühlzeit:
2 Stunden

Backzeit:
ca. 25 Minuten

1. Butter mit Zucker und Salz verrühren. Das Mehl sieben, dazugeben und alles so schnell wie möglich zu einem Mürbeteig kneten. 2 Stunden im Kühlschrank ruhen lassen.

2. Den Backofen auf 190 °C vorheizen. Ein Backblech einfetten. Den Teig ausrollen und 4 runde Fladen von etwa 15 Zentimeter Durchmesser ausschneiden. Mit einem Messerrücken die Fladen wie eine Torte etwas einkerben, damit sie sich nach dem Backen leicht auseinanderbrechen lassen. Auf das Backblech legen und die Fladen mehrmals mit der Gabel einstechen, damit beim Backen keine Blasen entstehen. Auf der mittleren Schiene des Backofens in etwa 20 Minuten hellbraun backen.

INFO

Shortbread kann man auf verschiedenste Arten variieren. Man kann es »plain«, also ganz ohne Zusätze, genießen. Oft wird etwas Zucker aufgestreut. Sie können Shortbread auch mit Früchten belegen und anschließend mit einer Zuckerglasur aus Fondant versehen.

VARIANTE

Shortbread Fingers

Zubereitung wie links beschrieben. Allerdings werden nur 450 Gramm Mehl verwendet und dafür zusammen mit dem Mehl 100 Gramm fein gehackte Walnüsse verarbeitet. Der Teig wird 1,5 Zentimeter dick ausgerollt und zwischen zwei Holzleisten etwa 25 Minuten gebacken. Nach dem Backen wird das Shortbread sofort in Streifen geschnitten und in Zucker gewendet. Eine ideale Begleitung zur Teezeit.

Heinemann-Tipp

Verändern Sie einmal die Nusssorte (bei den Shortbread Fingers), verfeinern Sie das Rezept durch die Zugabe von Vanillemark oder Orangenschale, experimentieren Sie mit einem Schokoladenüberzug, ein wenig Marzipan oder Marmelade! Gerade bei einfachen Rezepten können Sie durch geringe Veränderungen genau den Geschmack bekommen, den Sie sich schon immer gewünscht haben.

HEIDESAND

FÜR ETWA 40 STÜCK

200 g Mehl
100 g Puderzucker
130 g Butter
1 Eigelb
1 EL Vanillezucker (Seite 137)
abgeriebene Schale einer unbehandelten Zitrone
1 Prise Salz
50 g Hagelzucker
2 Eiweiß

Zubereitungszeit:
ca. 35 Minuten

Backzeit:
ca. 10 Minuten

1. Mehl, Puderzucker, Butter, Eigelb, Vanillezucker, Zitronenschale und Salz zu einem glatten Teig verkneten. Zwei Rollen von etwa 3 Zentimeter Durchmesser formen und kalt stellen.

2. Ein Backblech mit Backpapier auslegen. Die Rollen mit Eiweiß bestreichen und in Hagelzucker wälzen. Den Backofen auf 200 °C vorheizen.

3. Die Rollen in etwa 1 Zentimeter dicke Scheiben schneiden, auf das Backblech legen und auf der mittleren Schiene des Backofens etwa 10 Minuten backen.

Heinemann-Tipp

Sie können dem Heidesand eine fruchtige Note verleihen, indem Sie vor dem Backen in die Plätzchen eine kleine Vertiefung drücken und diese direkt nach dem Backen mit einem Klecks Johannisbeerkonfitüre füllen. Dies ist die von Heinz-Richard Heinemann bevorzugte Variante. Natürlich können Sie auch jede andere Konfitüre verwenden. Orangenmarmelade beispielsweise schmeckt besonders raffiniert.

INFO

Der Name Hagelzucker weist schon auf das hagelkornähnliche Aussehen hin. Zu den kleinen Stückchen kommt es durch aneinanderhaftende Zuckerkristalle. Die feine Zuckerraffinade wird angefeuchtet, gepresst und in Blöcken getrocknet, die anschließend zu Körnern zerstoßen werden. Hagelzucker dient als beliebte Dekoration für jede Art von Gebäck.

ROSINENBISKUITS

1. Die Rosinen in dem Rum einweichen und über Nacht ziehen lassen.

2. Butter und Puderzucker in einer vorgewärmten Schüssel schaumig rühren. Das Ei verquirlen, zusammen mit dem Vanillezucker zur Buttermischung geben und etwa 2 Minuten verrühren.

3. Das Mehl in den Teig sieben und gut vermengen. Die Rosinen mit dem Rum und die Mandeln hinzufügen. Nochmals alles gut zu einem weichen Teig verrühren.

4. Den Backofen auf 180 °C vorheizen. Ein Backblech mit Butter bestreichen. Den Teig in den Spritzbeutel füllen. Weil die Häufchen leicht verlaufen, in Abständen von etwa 3 Zentimetern nussgroße Portionen auf das Blech spritzen.

5. Die Plätzchen auf der mittleren Schiene des Backofens 10 Minuten backen, bis sie hellgelb sind und einen leicht hellbraunen Rand haben.

INFO

Diese feinen Rosinenbiskuits lassen sich in einer gut schließenden Blechdose ungefähr 1 Woche aufbewahren. Wenn Sie ein Stück Apfelschale dazulegen, bleiben die Biskuits schön weich.

Heinemann-Tipp

Variieren Sie die Rosinenbiskuits, indem Sie statt der Rosinen 60 g Schokolinsen verwenden und die Biskuits sofort nach dem Backen mit Amaretto bepinseln.

FÜR ETWA 50 STÜCK

- 80 g Rosinen
- 6 EL Rum
- 100 g Butter
- 80 g Puderzucker
- 1 Ei
- 1/2 TL Vanillezucker (Seite 137)
- 160 g Mehl
- 50 g geschälte, gemahlene Mandeln
- Butter für das Blech

Außerdem:

Spritzbeutel mit glatter Tülle

Zubereitungszeit:
ca. 40 Minuten

Marinierzeit für die Rosinen:
über Nacht

Backzeit:
ca. 10 Minuten

BUTTERBREZELN

FÜR ETWA 15 STÜCK

220 g Mehl
140 g Butter
90 g Puderzucker
2 Eigelb
Butter für das Blech
Milch zum Bestreichen
80 g Hagelzucker zum Bestreuen

Zubereitungszeit: ca. 30 Minuten

Backzeit: ca. 12 Minuten

1. Aus Mehl, Butter, Puderzucker und den Eigelben einen Teig kneten und 30 Minuten im Kühlschrank ruhen lassen.

2. Ein Backblech einfetten. Den Backofen auf 180 °C vorheizen. Aus dem Teig 15 dünne Stränge rollen und daraus kleine Brezeln formen. Mit Milch bestreichen, großzügig mit Hagelzucker bestreuen und auf dem Backblech verteilen. Auf der mittleren Schiene des Backofens in etwa 12 Minuten hellbraun backen.

INFO

Die fertigen Butterbrezeln sind etwa zwei Wochen haltbar und sollten trocken und kühl gelagert werden, damit sie schön mürbe bleiben.

HOLLÄNDISCHE SABLÉS

FÜR ETWA 50 STÜCK

300 g weiche Butter
130 g Zucker
2 Prisen Salz
1 TL Vanillezucker (Seite 137)
400 g Mehl

Zubereitungszeit: ca. 30 Minuten
Kühlzeit: 2 Stunden + 15 Minuten
Backzeit: ca. 20 Minuten

1. Die Butter mit dem Zucker schaumig rühren, Salz, Vanillezucker und das gesiebte Mehl nach und nach unterrühren. Den Teig zu einer Kugel formen und zugedeckt 1 Stunde kalt stellen.

2. Den Teig zu einer Rolle von 4 bis 5 Zentimeter Durchmesser formen, in Alufolie wickeln und 1 Stunde kalt stellen. Dann die Rolle mit einem scharfen Messer in gleichmäßige, etwa 5 Millimeter dicke Scheibchen schneiden. Vor dem Backen die Teigkreise mindestens 15 Minuten kalt stellen.

3. Den Backofen auf 160 °C vorheizen. Die Sablés auf der mittleren Schiene in 15 bis 20 Minuten hellgelb backen.

ORANGENDUKATEN

1. Die Butter und den Puderzucker mit dem Schneebesen schaumig rühren. Orangenschale, Eigelbe und Ei hinzufügen und verrühren, dann das gesiebte Mehl unterziehen.

2. Den Backofen auf 190 °C vorheizen. Ein Backblech mit Backpapier auslegen.

3. Den Teig in den Spritzbeutel füllen und kleine Halbkugeln auf das Backblech setzen. Die Orangendukaten auf der mittleren Schiene des Backofens in etwa 15 Minuten hellbraun backen.

4. Das Orangeat in sehr kleine Stücke hacken und anschließend auf einem Küchenbrett oder im Mörser zerdrücken. Mit der Orangenmarmelade glatt rühren.

5. Die Hälfte der gebackenen Plätzchen auf der Rückseite mit der Orangeatmasse bestreichen und ein zweites Plätzchen daraufsetzen.

6. Die Kuvertüre temperieren (Seite 137). Die Dukaten zur Hälfte eintunken und auf einem Kuchengitter trocknen lassen.

Heinemann-Tipp

Dieser zarte Sandteig enthält viel Butter, damit die Plätzchen nach dem Backen richtig schön mürbe werden. Leider besteht deshalb aber auch die Gefahr, dass die Plätzchen beim Backen auseinanderlaufen. Durch das Kaltstellen der Dukaten vor dem Backen kann das verhindert werden.

FÜR ETWA 40 STÜCK

- 140 g weiche Butter
- 125 g Puderzucker
- abgeriebene Schale von 1 unbehandelten Orange
- 2 Eigelb
- 1 Ei
- 150 g Mehl
- 100 g Orangeat
- 80 g Orangenmarmelade
- 100 g helle oder dunkle Kuvertüre

Außerdem:

Spritzbeutel mit mittelgroßer glatter Tülle

Zubereitungszeit:
ca. 30 Minuten

Backzeit:
ca. 15 Minuten

WIENER KONFEKT

FÜR ETWA 100 KLEINE KEKSE

Für den Teig:
200 g Butter
100 g Puderzucker
300 g Mehl
1 Eigelb
1 Prise Salz
1 EL Vanillezucker (Seite 137)

Für die Glasur:
50 g Aprikosenkonfitüre
100 g Fondant

Außerdem:
Mehl für die Arbeitsfläche
gezackter Ausstecher (2–3 cm Ø)

Zubereitungszeit: ca. 25 Minuten
Kühlzeit: ca. 30 Minuten
Backzeit: ca. 15 Minuten

1. Die Butter mit dem Puderzucker schaumig rühren. Das gesiebte Mehl, Eigelb, Salz und Vanillezucker zugeben und alles zu einem festen, glatten Mürbeteig kneten. Etwa 30 Minuten kühl stellen.

2. Den Backofen auf 185 °C vorheizen. Den Teig auf der schwach bemehlten Arbeitsfläche möglichst dünn ausrollen, mit dem Ausstecher Plätzchen ausstechen und auf ein mit Backpapier belegtes Blech legen. Auf der mittleren Schiene des Backofens 12 bis 15 Minuten backen.

3. Währenddessen die Aprikosenkonfitüre für die Glasur erwärmen, die Kekse nach dem Backen damit bestreichen und abkühlen lassen.

4. Den Fondant mit etwas Wasser verdünnen, leicht erwärmen (ca. 30 °C) und gleichmäßig auf die Kekse streichen.

Heinemann-Tipp
Sie können den Geschmack dieser Kekse ganz leicht variieren, indem Sie den Fondant mit etwas Zitronensaft oder Kirschwasser vermischen, bevor Sie ihn auf die Kekse geben. Auch Rum oder Amaretto eignen sich hierfür sehr gut.

ZARTES SANDGEBÄCK

FÜR ETWA 120 PLÄTZCHEN

250 g weiche Butter
90 g Zucker
1 Eigelb
30 g Vanillezucker (Seite 137)
1 Prise Salz
200 g Mehl
50 g Speisestärke
70 g geschälte, gemahlene Mandeln

Zubereitungszeit: ca. 25 Minuten
Kühlzeit: ca. 15 Minuten
Backzeit: ca. 15 Minuten

1. Butter und Zucker verkneten, das Eigelb, 10 Gramm vom Vanillezucker und das Salz dazugeben und verrühren. Dann das gesiebte Mehl, die Speisestärke und die gemahlenen Mandeln hinzufügen. Alles zu einem glatten Teig verarbeiten.

2. Aus dem Teig zwei ca. 30 Zentimeter lange Rollen formen und etwa 15 Minuten kalt stellen. Den Backofen auf 180 °C vorheizen.

3. Die Teigrollen mit etwas Wasser bestreichen und im restlichen Vanillezucker wälzen. Die Rollen in etwa 5 Millimeter dicke Scheiben schneiden. Auf ein mit Backpapier belegtes Backblech legen und auf der mittleren Schiene des Backofens 12 bis 15 Minuten backen.

ORANGEN-MANDEL-PLÄTZCHEN

FÜR ETWA 30 STÜCK

200 g Puderzucker
300 g Marzipanrohmasse
3 Eiweiß
50 g Orangeat
250 g gehobelte Mandeln

Außerdem:
Spritzbeutel mit Lochtülle

Zubereitungszeit: ca. 25 Minuten
Backzeit: ca. 12 Minuten

1. Den Puderzucker sieben. Das Marzipan in kleine Stücke schneiden und mit dem Zucker verkneten. Die Eiweiße dazugeben und gut vermengen. Das Orangeat fein hacken und unter die Marzipanmasse mischen.

2. Den Backofen auf 180 °C vorheizen. Ein Backblech mit Backpapier auslegen. Den Teig in den Spritzbeutel füllen, in gleichmäßigen Abständen kleine Häufchen auf das Backblech spritzen und mit den gehobelten Mandeln bestreuen. Auf der mittleren Schiene des Backofens in etwa 10 bis 12 Minuten hellbraun backen.

ZITRONENPLÄTZCHEN

1. Das Mehl auf eine Arbeitsfläche sieben. Die Butter in Flöckchen darüber verteilen. Die Zitronenschale und den Zitronensaft dazugeben, dann den Zucker, das Salz und die Eigelbe hinzufügen und mit kalten Händen alles rasch zu einem glatten Teig verarbeiten.

2. Ein Backblech mit Backpapier auslegen. Den Teig in einen Spritzbeutel mit Sterntülle geben und in gleichmäßigen Abständen längliche Plätzchen auf das Backblech spritzen. Die Plätzchen etwa 15 Minuten kalt stellen.

3. Den Backofen auf 180 °C vorheizen. Zum Garnieren das Eigelb verquirlen und mit einem Pinsel dünn auf die etwas abgekühlten Plätzchen streichen, dann mit dem Hagelzucker bestreuen. Auf der mittleren Schiene des Backofens etwa 10 bis 12 Minuten backen und gut auskühlen lassen.

FÜR ETWA 50 STÜCK

Für die Plätzchen:
400 g Mehl
250 g kalte Butter
abgeriebene Schale von 1 unbehandelten Zitrone
1 EL frisch gepresster Zitronensaft
100 g Zucker
1 Prise Salz
3 Eigelb

Zum Garnieren:
1 Eigelb
30 g Hagelzucker

Außerdem:
Spritzbeutel mit Sterntülle

Zubereitungszeit: ca. 25 Minuten
Kühlzeit: ca. 15 Minuten
Backzeit: ca. 15 Minuten

BELVEDERE-SCHNITTEN

FÜR ETWA 35 KLEINE SCHNITTEN

Für den Teig:
Butter und Mehl für das Blech
100 g weiche Butter
50 g Puderzucker
3 Eier
100 g dunkle Kuvertüre
50 g Zucker
1 EL Vanillezucker (Seite 137)
1 Prise Salz
80 g Mehl
70 g gemahlene Walnüsse

Für die Rumglasur:
150 g Puderzucker
50 ml Rum

Zubereitungszeit: ca. 45 Minuten
Backzeit: ca. 20 Minuten

1. Ein Backblech mit Butter ausfetten und mit Mehl bestauben. Für den Teig die Butter mit dem Puderzucker schaumig rühren. Die Eier trennen. Die Eigelb nach und nach unterrühren. Die Kuvertüre temperieren (Seite 137) und untermengen.

2. Die Eiweiß mit Zucker, Vanillezucker und Salz zu steifem Schnee schlagen.

3. Den Backofen auf 200 °C vorheizen. Das gesiebte Mehl mit den Nüssen mischen. Den Eischnee unter den Butterteig heben, dann das Nuss-Mehl-Gemisch vorsichtig unterheben. Die Masse gleichmäßig auf das Backblech streichen und auf der mittleren Schiene des Backofens etwa 20 Minuten backen.

4. Für die Glasur den Puderzucker mit dem Rum glatt verrühren. Die Glasur auf das noch heiße Gebäck pinseln. Wenn sich die Glasur zu trüben beginnt, die Masse mit einem scharfen Messer in 4 x 4 Zentimeter große Stücke schneiden.

INFO

Sie können die Walnüsse auch durch Mandeln ersetzen. Verwenden Sie bei der Glasur dann Amaretto statt Rum.

KOKOSMAKRONEN

FÜR ETWA 40 STÜCK

Für die Kokosmasse:
150 g feine Kokosflocken
1 Eiweiß
30 ml Rum

Für den Marzipanteig:
200 g Marzipanrohmasse
150 g Puderzucker
15 ml Rum
3 Eiweiß
20 g Zucker

Für den Überzug:
150 g dunkle Kuvertüre

Außerdem:
Spritzbeutel mit großer Sterntülle

Zubereitungszeit: ca. 40 Minuten
Marinierzeit für die Kokosmasse: über Nacht
Backzeit: ca. 12 Minuten

1. Für die Kokosmasse alle Zutaten vermischen und abgedeckt über Nacht stehen lassen.

2. Für den Marzipanteig die Marzipanrohmasse zerkleinern und mit Puderzucker und Rum glatt rühren. Dann die Rum-Kokos-Masse hinzugeben.

3. Den Backofen auf 210 °C (Umluft) vorheizen. Ein Backblech mit Backpapier belegen. Die Eiweiß mit dem Zucker steif schlagen und unter die Marzipan-Kokosmasse heben.

4. Den fertigen Teig in den Spritzbeutel füllen und mittelgroße Tupfen auf das Backblech spritzen. Die Makronen auf der mittleren Schiene des Backofens etwa 10 bis 12 Minuten backen. Danach gut auskühlen lassen.

5. Für den Überzug die Kuvertüre temperieren (Seite 137) und die Unterseite der Makronen jeweils kurz darin eintauchen.

Heinemann-Tipp
Sollen die Kokosmakronen etwas fruchtiger schmecken, dann fügen Sie beim Ansetzen der Kokosmasse 50 Gramm klein gehacktes Orangeat hinzu.

EIGELBMAKRONEN

1. Das Marzipan in Stücke schneiden und mit Butter, Salz und den Eigelb glatt kneten. Dann den Zucker und die abgeriebene Zitronenschale einarbeiten.

2. Ein Backblech mit Backpapier belegen. Den Marzipanteig in den Spritzbeutel füllen und etwa 6 Zentimeter große Rosetten auf das Blech spritzen. Mit kandierten Früchten oder Nüssen belegen. Etwa 6 Stunden antrocknen lassen.

3. Den Backofen auf 220 °C vorheizen. Die Makronen auf der mittleren Schiene im heißen Ofen etwa 8 Minuten backen, bis sie zart gebräunt sind.

Heinemann-Tipp
Diese Makronen sehen besonders gut aus, wenn Sie sie nach dem Backen im noch warmen Zustand mit Gebäcklack (Zubereitung Seite 124) abglänzen.

FÜR ETWA 50 STÜCK

250 g Marzipanrohmasse
15 g weiche Butter
1 Prise Salz
3 Eigelb
65 g Zucker
abgeriebene Schale von 1/2 unbehandelten Zitrone

Außerdem:
kandierte Früchte, Pistazien, Mandeln, Walnüsse oder andere Nüsse
Spritzbeutel mit großer Lochtülle

Zubereitungszeit:
ca. 30 Minuten

Trockenzeit:
ca. 6 Stunden

Backzeit:
ca. 8 Minuten

RIGI-SPITZEN

FÜR ETWA 20 STÜCK

Für die Canache-Creme:
200 g dunkle Kuvertüre
400 g Sahne

Für die Makronen:
500 g Marzipanrohmasse
400 g nicht zu feiner Zucker
2 Eiweiß

Für die Glasur:
200 g helle oder dunkle Kuvertüre

Außerdem:
Spritzbeutel mit großer Lochtülle

Zubereitungszeit:
ca. 50 Minuten

Kühlzeit:
über Nacht

Backzeit:
ca. 25 Minuten

1. Für die Canache-Creme die Kuvertüre klein hacken. Die Sahne aufkochen, die gehackte Kuvertüre dazugeben, auflösen und sehr gut verrühren. Über Nacht im Kühlschrank durchkühlen lassen.

2. Für die Makronen das Marzipan zerkleinern und mit Zucker und Eiweiß glatt rühren. Die Masse darf nicht schaumig werden. Damit sie eine feste, aber spritzfähige Konsistenz erhält, eventuell 1 bis 2 Esslöffel Wasser zugeben.

3. Den Backofen auf 160 °C vorheizen. Ein Backblech mit Backpapier auslegen.

4. Die Makronenmasse in den Spritzbeutel geben und 20 Makronen auf das Backpapier spritzen. Auf der mittleren Schiene des vorgeheizten Backofens etwa 20 bis 25 Minuten backen.

5. Die Canache-Creme schaumig schlagen und mit einem Teelöffel Canache-Kegel auf die Makronen setzen. Für etwa 30 Minuten kühl stellen.

6. Die Kuvertüre für die Glasur temperieren (Seite 137), die Canache-Kegel (nicht die Makronen!) hineintauchen und die Kuvertüre fest werden lassen.

Heinemann-Tipp
Durch die Verwendung eines Backofenthermometers kann die Temperatur, die tatsächlich im Backofen herrscht, kontrolliert werden.

MANDELHÖRNCHEN MIT SCHOKOGLASUR

FÜR 12 BIS 25 STÜCK (JE NACH GRÖSSE)

300 g Marzipanrohmasse
2 Eiweiß
180 g Zucker
20 g Honig
70 g Hagelzucker
Saft von 1/2 Zitrone
abgeriebene Schale von 1/2 unbehandelten Zitrone
120 g gehobelte Mandeln
100 g dunkle Kuvertüre

Außerdem:
Alufolie

Zubereitungszeit:
ca. 35 Minuten

Backzeit:
ca. 12 Minuten

1. Das Marzipan zerkleinern und mit den Eiweißen vermengen. Zucker, Honig, Hagelzucker, Zitronensaft und -schale dazugeben und alles zu einem glatten Teig verarbeiten.

2. Die gehobelten Mandeln auf eine Alufolie streuen. Aus dem Teig Rollen formen, dünne Scheiben abschneiden und kleine Hörnchen daraus formen. Diese auf die Alufolie mit den Mandeln legen und leicht andrücken. Den Backofen auf 200 °C vorheizen. Ein Backblech mit Backpapier auslegen.

3. Die Mandelhörnchen auf das Backpapier legen und auf der mittleren Schiene des Backofens etwa 10 bis 12 Minuten backen.

4. Die Kuvertüre temperieren (Seite 137). Die Enden der Hörnchen mit der Kuvertüre überziehen und fest werden lassen.

MANDELBROT

1. Die Mandeln kurz blanchieren (Seite 136) und die Schale entfernen. Abkühlen lassen.

2. Die Vanilleschote mit einem Messer aufschlitzen und das Mark herauskratzen. Die Milch mit dem Mark verrühren. Unter ständigem Rühren nach und nach Butter, Farinzucker, Zimt, Salz, Mehl und das Hirschhornsalz hinzugeben. Zuletzt die ganzen Mandeln sehr gründlich mit dem Teig vermengen. Etwa 30 Minuten stehen lassen.

3. Den Backofen auf 180 °C vorheizen. Ein Backblech mit Backpapier auslegen.

4. Den Teig in 2 Stücke teilen und jedes Stück etwa 4 Zentimeter breit und 2 Zentimeter dick ausrollen. Kurz in die Tiefkühltruhe geben.

5. Dann die Teigstangen mit einem Messer in etwa 1 Zentimeter dicke Scheiben schneiden und auf das Backpapier legen. Auf der mittleren Schiene des Backofens 12 bis 15 Minuten backen.

Heinemann-Tipp
Wenn das Mandelbrot eine schöne Farbe erhalten soll, dann bestreichen Sie es vor dem Backen mit verquirltem Eigelb.

FÜR ETWA 40 STÜCK

200 g ganze Mandeln
1 Vanilleschote
50 ml Milch
70 g Butter
125 g Farinzucker
1 TL Zimt
1 Prise Salz
200 g Mehl
1 g Hirschhornsalz

Zubereitungszeit: ca. 40 Minuten
Ruhezeit: 30 Minuten
Backzeit: ca. 15 Minuten

MANDELHERZEN

FÜR ETWA 60 HERZEN

Für die Herzen:
100 g Puderzucker
270 g weiche Butter
1 Eigelb
80 g gemahlene Mandeln
320 g Mehl

Zum Garnieren:
1 Eigelb
60 halbe geschälte Mandeln

Außerdem:
Herzausstecher

Zubereitungszeit: ca. 25 Minuten
Kühlzeit: ca. 1 Stunde
Backzeit: ca. 17 Minuten

1. Für die Herzen den Puderzucker sieben, dann zusammen mit der Butter und dem Eigelb schaumig rühren. Die gemahlenen Mandeln und das Mehl dazugeben, alles zu einem festen Teig verarbeiten und 1 Stunde kühl stellen.

2. Den Backofen auf 175 °C vorheizen. Ein Backblech mit Backpapier auslegen. Den Teig auf einer bemehlten Arbeitsfläche etwa 5 Millimeter dick ausrollen. Mit dem Ausstecher 60 Herzen ausstechen und auf das Backpapier legen. Auf der mittleren Schiene des Backofens 12 bis 15 Minuten backen.

3. Zum Garnieren das Eigelb mit etwas Wasser verquirlen. Das Blech mit den Herzen aus dem Backofen nehmen, den Backofen aber eingeschaltet lassen. Die Herzen dünn mit dem verquirlten Eigelb bestreichen und jeweils eine halbe Mandel auflegen. Dann noch einmal für etwa 2 Minuten in den Backofen geben.

INFO

Die Mandelherzen sind sehr einfach herzustellen und eignen sich hervorragend als Geschenk. (Sehr passend zum Valentinstag.) Füllen Sie die gut abgekühlten Plätzchen in einen transparenten Pralinenbeutel und verzieren Sie ihn mit einer hübschen Schleife. Eine kleine Flasche Mandellikör als »Beigabe« erhöht den Genuss.

MANDELBÖGEN

FÜR ETWA 30 STÜCK

130 g gemahlene Mandeln
140 g Zucker
1 TL Speisestärke
1/2 TL Vanillezucker (Seite 137)
3 Eiweiß
1 Eigelb
Butter für das Blech
30 g feine Mandelsplitter

Zubereitungszeit:
ca. 45 Minuten

Backzeit:
ca. 6 Minuten

1. Mandeln, Zucker, Speisestärke, Vanillezucker und 1 Eiweiß mischen und glatt rühren. Eigelb und restliches Eiweiß dazugeben und alles nochmals gut verrühren.

2. Den Backofen auf 165 °C vorheizen. Ein Backblech einfetten. Mit einem Teelöffel in einem Abstand von 5 bis 6 Zentimetern haselnussgroße Häufchen auf das Blech setzen. Mit wenig Mandelsplittern bestreuen und etwa 6 Minuten backen. Sofort vom Blech lösen und über ein Rundholz oder eine andere runde Form von etwa 3 Zentimeter Durchmesser legen.

Heinemann-Tipp
Damit alles perfekt gelingt, sollten Sie nicht mehr als etwa 8 Mandelbögen gleichzeitig backen, damit die anschließende Verarbeitung schnell genug erfolgen kann. Damit die Mandelbögen beim Biegen nach dem Backen nicht brechen, ist es außerdem wichtig, dass die Mandeln sehr fein gemahlen sind. Übrigens kann die benötigte Eiweißmenge je nach Größe der Eier oder nach der Saugfähigkeit der Mandeln unterschiedlich ausfallen.

Anisbögen

FÜR ETWA 30 STÜCK

75 g weiche Butter
75 g Puderzucker
10 g Vanillezucker (Seite 137)
1 Ei
1 Eigelb
75 g Mehl
Anis zum Bestreuen

Außerdem:
Spritzbeutel mit mittelgroßer glatter Tülle

Zubereitungszeit: ca. 25 Minuten
Backzeit: ca. 10 Minuten

1. Die Butter mit dem Puderzucker und dem Vanillezucker schaumig rühren. Nach und nach das Ei und das Eigelb unterrühren, dann das gesiebte Mehl unterheben.

2. Den Backofen auf 200 °C vorheizen. Ein Backblech mit Backpapier auslegen. Den Teig in den Spritzbeutel geben und in größeren Abständen kleine Bögen von etwa 6 Zentimeter Länge aufspritzen. Mit Anis bestreuen und auf der mittleren Schiene des Backofens etwa 10 Minuten backen.

Hasenöhrchen

FÜR ETWA 20 STÜCK

75 g weiche Butter
150 g Zucker
1 Prise Salz
2 Eier
abgeriebene Schale von 1 unbehandelten Zitrone
100 g Sahne
2 EL Kirschwasser oder Rum
400 g Mehl
1,5–2 kg Butterschmalz oder Frittieröl zum Ausbacken
Puderzucker zum Bestauben

Zubereitungszeit: ca. 40 Minuten
Backzeit: ca. 5 Minuten
Kühlzeit: 1–2 Stunden

1. Die Butter mit dem Zucker schaumig rühren. Salz, Eier und Zitronenschale nacheinander unterrühren. Dann Sahne und Kirschwasser oder Rum hinzufügen, unterrühren und das gesiebte Mehl dazumischen. Den Teig 1 bis 2 Stunden ruhen lassen.

2. Das Butterschmalz oder Öl auf 200 °C erhitzen. Den Teig knapp 5 Millimeter dick ausrollen und etwa 10 Zentimeter lange Rauten ausschneiden. Jedes Teigstück in der Mitte längs einschneiden und einen Zipfel der Raute durch die Öffnung ziehen. So entstehen die Hasenöhrchen.

3. Die Hasenöhrchen im Frittierfett etwa 5 Minuten rundherum ausbacken. Auf Küchenpapier abtropfen lassen und mit Puderzucker bestauben.

GEFÜLLTE AMARETTI

FÜR ETWA 16 STÜCK

Für die Amaretti:

2 Eiweiß

300 g geschälte, gemahlene Mandeln

2–3 Tropfen Bittermandelöl

300 g Zucker

2 EL Puderzucker

Für die Füllung:

150 g dunkle Kuvertüre

2 EL Sahne

Für den Überzug:

100 g dunkle Kuvertüre

Außerdem:

Alufolie

Zubereitungszeit: ca. 35 Minuten

Backzeit: ca. 40 Minuten

1. Für die Amaretti die Eiweiße leicht verquirlen. Mandeln, Bittermandelöl, Zucker und das Eiweiß zu einer gleichmäßigen, festen Masse verarbeiten. Den Backofen auf 120 °C vorheizen. Ein Backblech mit Alufolie belegen.

2. Aus der Mandelmasse mit den Handballen nussgroße Kugeln formen, flachdrücken, auf der Alufolie verteilen und mit Daumen und Zeigefinger seitlich leicht eindrücken. Mit dem Puderzucker bestreuen. Auf der mittleren Schiene des Backofens etwa 20 Minuten backen, dann die Temperatur auf 80 °C reduzieren und die Amaretti weitere 30 Minuten trocknen lassen.

3. Für die Füllung die Kuvertüre in kleine Stücke brechen. Die Sahne mit der Kuvertüre bei schwacher Hitze oder im Wasserbad erwärmen und verrühren, bis eine dicke Schokoladencreme entsteht.

4. Die Amaretti von der Folie lösen und auf ein Kuchengitter legen. Den Boden je eines Plätzchens mit Schokoladencreme bestreichen, dann ein zweites dagegendrücken und kurz antrocknen lassen.

5. Die Kuvertüre für den Überzug temperieren (Seite 137) und die zusammengesetzten Amaretti zur Hälfte in die Kuvertüre tauchen. Auf einem Kuchengitter abtropfen bzw. trocknen lassen.

INFO

Auf Seite 12 ist dieses köstliche Gebäck abgebildet.

CANTUCCINI DI PRATO

1. Eigelbe, Ei, Zucker, Salz und Fenchelsamen vermengen und verquirlen. Dann die Orangenschale und das Olivenöl hinzugeben, Mehl und Mandeln einarbeiten.

2. Ein Backblech mit Backpapier belegen. Den Backofen auf 200 °C vorheizen. Den Teig zu Rollen mit einem Durchmesser von etwa 5 Zentimetern formen und auf das Backpapier legen. Auf der mittleren Schiene des Backofens 7 bis 10 Minuten backen. Herausnehmen und die Rollen wenden, anschließend weitere 7 bis 10 Minuten mittelbraun backen.

3. Die Backofentemperatur auf 180 °C reduzieren. Die Teigrollen in etwa 1,5 Zentimeter breite Scheiben schneiden. Diese erneut auf das Backpapier legen und noch einmal etwa 7 Minuten nachbacken.

Heinemann-Tipp

Dieses Gebäck lässt sich gut aufbewahren und wird typischerweise zu süßem Wein serviert. Eine interessante Geschmacksvariante ergibt sich übrigens, wenn Sie die Fenchelsamen durch die gleiche Menge Rosmarin ersetzen.

FÜR ETWA 20 STÜCK

3 Eigelb
1 Ei
240 g Zucker
1 Prise Salz
2 g Fenchelsamen
abgeriebene Schale von 1 unbehandelten Orange
20 ml Olivenöl
260 g Mehl Type 550
100 g ganze Mandeln

Zubereitungszeit: ca. 35 Minuten
Backzeit: ca. 27 Minuten

BERLINER BOBBES

FÜR 6 STÜCK

Für die Streusel:
100 g weiche Butter
100 g Zucker
130 g Mehl
1 Prise Salz
1 Eigelb

Für den Mürbeteig:
150 g Mehl
50 g Zucker
80 g Butter
1 Ei
10 ml Milch

Für die Füllung:
100 g Marzipanrohmasse
30 g Orangeat
10 g Zitronat
20 ml Rum
50 g Rosinen

Außerdem:
Spritzbeutel mit glatter Tülle

Zubereitungszeit: ca. 45 Minuten
Backzeit: ca. 25 Minuten
Kühlzeit: ca. 1 Stunde

1. Für die Streusel alle Zutaten gut miteinander vermengen, zerbröseln und mindestens 1 Stunde kalt stellen.

2. Für den Mürbeteig das Mehl sieben, Zucker und Butter hinzufügen und kurz vermengen. Das Ei verquirlen. Die Milch mit der Hälfte des Eis (die zweite Hälfte davon für später aufheben) zum Teig geben und alles rasch zu einem glatten Teig verarbeiten. 1 Stunde kalt stellen.

3. Für die Füllung das Marzipan klein schneiden, mit Orangeat, Zitronat und Rum gut vermengen.

4. Den Mürbeteig zu einem 24 x 24 Zentimeter großen Quadrat ausrollen. Die Marzipanmischung in den Spritzbeutel füllen und auf das obere Drittel der Teigplatte spritzen. Die Rosinen daraufstreuen. Dann die Teigplatte aufrollen und andrücken, so dass sie 6 Zentimeter breit ist.

5. Den Backofen auf 180 °C vorheizen. Ein Backblech mit Backpapier belegen. Die Teigrolle mit dem restlichen verquirlten Ei bestreichen. Dann die Streusel darüber verteilen. Die Rolle in sechs etwa 4 Zentimeter breite Stücke schneiden und auf das Backpapier legen. Auf der mittleren Schiene des Backofens 20 bis 25 Minuten backen.

MARGARETENKÜCHLI

FÜR ETWA 12 STÜCK

125 g weiche Butter

50 g Zucker

365 g Marzipanrohmasse

1 Ei

1 Prise Salz

abgeriebene Schale von
1/2 unbehandelten Zitrone

125 g Mehl Type 550

50 ml Orangenlikör

50 g Aprikosenkonfitüre

Außerdem:

Fett und Mehl für die Formen

12 Silikon- oder Metallförmchen (6 cm Ø)

Spritzbeutel mit glatter Tülle

Zubereitungszeit: ca. 25 Minuten

Backzeit: ca. 20 Minuten

1. Butter und Zucker schaumig rühren. Das Marzipan in kleine Stücke schneiden, mit Ei, Salz und Zitronenschale glatt rühren, dann unter die Buttermasse heben und das gesiebte Mehl unterrühren.

2. Den Backofen auf 200 °C vorheizen. Die Metallförmchen einfetten und bemehlen. Die Teigmasse in den Spritzbeutel geben, in die Silikon- oder Metallförmchen spritzen und auf einen Backrost setzen. Auf der mittleren Schiene des Backofens 20 Minuten backen.

3. Nach dem Backen die Küchli vorsichtig aus den Förmchen lösen und mit Orangenlikör beträufeln. Die Aprikosenkonfitüre erwärmen und die Margaretenküchli damit bestreichen.

Heinemann-Tipp

Wenn Sie möchten, können Sie die Margaretenküchli nach dem Bestreichen mit der erwärmten Aprikosenkonfitüre zusätzlich mit kandierten Fruchtstückchen bestreuen. Meine Favoriten: kandierte Orangenstreifen!

LINZER AUGEN

1. Für den Teig alle Zutaten rasch miteinander verkneten und 30 Minuten kalt stellen.

2. Den Backofen auf 200 °C vorheizen. Ein Backblech mit Backpapier belegen. Den Teig 3 Millimeter dick ausrollen und mit dem großen Ausstecher Kreise ausstechen. In die Hälfte der Scheiben mit dem kleinen Ausstecher 3 Löcher stechen. Die Scheiben auf das Backpapier legen und auf der mittleren Schiene des Backofens in etwa 10 Minuten goldgelb backen.

3. Nach dem Backen die Unterseiten der Scheiben ohne Löcher mit Konfitüre bestreichen. Die gelöchterten Scheiben darauflegen und mit Puderzucker bestreuen.

Heinemann-Tipp

Wie jedes Kleingebäck aus Mürbeteig sind auch Linzer Augen nur 14 Tage haltbar. Am besten bewahren Sie sie an einem kühlen, trockenen Ort in verschlossenen Metallbüchsen auf.

FÜR 25 STÜCK

Für den Teig:

100 g Puderzucker

200 g Butter

300 g Mehl

1 Ei

1 EL Vanillezucker (Seite 137)

abgeriebene Schale von 1 unbehandelten Zitrone

Zum Garnieren:

80 g Aprikosen- oder Johannisbeerkonfitüre zum Füllen

Puderzucker zum Bestreuen

Außerdem:

Ausstecher mit gezacktem Rand (6 cm Ø)

Ausstecher rund (1 cm Ø)

Zubereitungszeit: ca. 30 Minuten

Backzeit: ca. 10 Minuten

PLUNDER, BLÄTTERTEIG & CO.

Alle lieben sie: die kleinen süßen Teilchen, die in keiner Bäckerei fehlen dürfen! Und selbst gemacht schmecken sie sogar noch besser! Probieren Sie es aus: mit köstlich-knusprigem Blätterteig wie etwa Schweineöhrchen oder Zitronenstangen, wunderbarem Brandteig für luftige Eclairs und Windbeutel … oder stellen Sie den Plunderteig selbst her und beeindrucken Sie Ihre Gäste mit köstlichen Kopenhagenern mit Frucht- oder Vanillefüllung!

Ein Brioche zum Kaffee?

Kaum ein anderes Gebäck können Sie so individuell variieren wie kleine Plunder- und Blätterteig-Teilchen! Belag und Glasur lassen sich mit Leichtigkeit ganz nach Wunsch abwandeln. Bei der Teigherstellung können Sie durch das Falten des Teiges selbst bestimmen, wie viele Schichten Ihr Gebäck haben soll. Und eingefroren reicht der einmal hergestellte Teig für viele Bleche voll köstlichem Gebäck!

Teilchen aus Plunder- und Blätterteig: Jeder kennt sie, fast jeder liebt sie. Und weil sie frisch am besten schmecken, bietet sich dieses Gebäck ganz besonders zum selber machen an. Zwar benötigt der Basisteig ein wenig Zeit, doch der Aufwand lohnt sich! Denn haben Sie den Teig fertiggestellt, macht die weitere Zubereitung kaum noch Mühe und bietet Ihnen gleichzeitig vielseitige kulinarische Möglichkeiten, die Sie nach Lust und Laune erforschen können.

Viel Luft, viel Butter

Ein anständiger Blätterteig erfordert besonders viel Arbeit, denn der Teig muss mehrfach ausgerollt und dann immer wieder gut gekühlt werden, um besonders feine und regelmäßige Teigschichten erstellen zu können, die dann durch das Backen zu hauchdünnen, köstlich knusprigen Blättern verwandelt werden. Ob längliche Spiralenformen, süße Schweineöhrchen oder Taschen für cremig-fruchtige Füllungen: Blätterteig gehört auf jeden Fall zu den feinsten und vielseitigsten Teigformen!

Plunderteig unterscheidet sich vom Blätterteig vor allem dadurch, dass er mit Hefe zubereitet wird, so dass beim Backen dickere und weichere Teigschichten entstehen. Aus der Konditorei kennen wir Plunderteig vor allem als Täschchen und Schnecken. Diese können überaus vielseitig gefüllt werden: Nüsse, Früchte, Marmeladen, Quark und verschiedene Cremes bieten sich an und sorgen dafür, dass Sie allein mit Plundergebäck für nahezu jeden Geschmack das Richtige auftischen können.

Süsse Vielfalt

Schließlich erhalten Sie mit Brandteig die Möglichkeit, Eclairs und Windbeutel in allen denkbaren Varianten zu erstellen. Die hier aufgeführten unterschiedlichen Füllungen, Glasuren und Garnierungen bieten Ihnen ein regelrechtes Baukastensystem, bei dem Sie nach Lust und Laune kombinieren und variieren können.
Also: Stürzen Sie sich ins Backvergnügen! Machen Sie es am besten so wie Heinz-Richard Heinemann, der sich stets auf Alt-

bewährtes verlässt, gleichzeitig aber immer wieder neue Zubereitungsformen ausprobiert: Erstellen Sie eine größere Menge Teig auf Vorrat, backen Sie mit der einen Hälfte anhand der hier aufgeführten Rezepte ein klassisches Gebäck für sich und Ihre Gäste … und experimentieren Sie anschließend mit der anderen Hälfte, um neue Kombinationen auszuprobieren und so Ihr ganz persönliches Lieblingsgebäck herzustellen!

IDEAL ZUM FRÜHSTÜCK

Wer es jedoch ganz schlicht und einfach mag, dem sei das folgende Rezept für Brioches ans Herz gelegt. Ob beim Frühstück oder als Beilage zum Nachmittagskaffee: Diese weichen französischen Minibrötchen schmecken sowohl pur als auch mit Butter, Honig oder Marmelade.

Windbeutel mit Vanillesahne- oder Schokosahnecreme sind etwas ganz Besonderes für jede Kaffeetafel und viel einfacher herzustellen, als man vielleicht denkt (Seite 70).

BRIOCHES-BRÖTCHEN

FÜR ETWA 12 STÜCK

15 g Hefe
15 g Salz
30 g Zucker
60 ml Milch
500 g Mehl
6 Eier
450 g weiche Butter

Zubereitungszeit:
ca. 30 Minuten

Ruhezeit:
ca. 1 Stunde

Kühlzeit:
über Nacht

1. Die Hefe in einer kleinen Schüssel mit etwas Wasser auflösen. Salz und Zucker in der Milch auflösen. Mit Küchenmaschine oder einem Handrührgerät mit Knethaken die Hefe, das gesiebte Mehl und die Milchmischung bei niedriger Geschwindigkeit kneten, dann nach und nach 4 Eier zugeben, bis der Teig geschmeidig wird. Dann die restlichen Eier hinzufügen und die Masse 15 Minuten bei geringer Geschwindigkeit durchkneten. Die Butter während der letzten zwei Minuten Knetzeit langsam zugeben. Der Teig ist fertig, sobald er sich vom Schüsselrand löst.

2. Den Teig etwa 20 Minuten bei Raumtemperatur zugedeckt in einer Schüssel aufgehen lassen, dann noch einmal kurz durchkneten. Diesen Vorgang zweimal wiederholen. Den Teig dann über Nacht im Kühlschrank ruhen lassen.

3. Den Backofen auf 180 °C vorheizen. Ein Backblech mit Backpapier belegen. Den Teig noch einmal gut durchkneten. Die Arbeitsfläche mit Mehl bestreuen. Den Teig in etwa 3 Zentimeter dicke und 8 Zentimeter lange Rollen teilen, je zweimal diagonal einschneiden und auf ein Backblech legen. (Diese Brioches ähneln in ihrer Form kleinen Brötchen – sie schmecken genauso gut wie die in Förmchen gebackenen Brioches, machen aber weniger Arbeit.)

4. Auf der mittleren Schiene des Backofens 20 bis 25 Minuten backen, bis die Brioches schön goldbraun sind.

Heinemann-Tipp
Brioches schmecken übrigens besonders gut, wenn Sie sie vor dem Backen mit etwas Hagelzucker bestreuen!

BLÄTTERTEIG (GRUNDREZEPT)

FÜR ETWA 1,3 KG TEIG

575 g Butter
15 g Salz
500 g Mehl Type 550

Zubereitungszeit:
ca. 45 Minuten

Kühlzeit:
insgesamt 4 Stunden

1. Etwa 75 Gramm der Butter zimmerwarm werden lassen. Das Salz in 250 Milliliter Wasser auflösen.

2. Das Mehl und die warme Butter mit der Küchenmaschine oder dem Handrührgerät mit Knethaken auf kleiner Stufe zusammenmischen, dann das Salzwasser dazugeben, den Teig vollkommen durchkneten und eine Kugel daraus formen. In eine Schüssel legen, zudecken und zwei Stunden in den Kühlschrank stellen.

3. Die restlichen 500 Gramm kalte Butter zwischen zwei Blätter Plastikfolie legen und klopfen, damit sie geschmeidig wird, aber trotzdem fest bleibt. Einen grob rechteckigen flachen Butterblock bilden.

4. Den Teig zu einem Quadrat ausrollen. Den Butterblock in die Mitte legen und die Teigränder darüber zusammenschlagen.

5. Jetzt kommt der entscheidende Arbeitsschritt beim Blätterteig: das »Touren geben«, auch Tourieren genannt. Dabei wird das Teigpaket mit dem Butterkern in der Mitte der Länge nach ausgerollt, das untere Drittel nach oben gefaltet, dann das obere Drittel darübergeklappt. So entsteht ein Teigpaket mit 3 Lagen. Dann wird es um 90 Grad gedreht und erneut ausgerollt. Dieser Vorgang entspricht einer *einfachen* Tour. Bei einer *doppelten* Tour werden beide Teigenden bis zur Mitte gefaltet und dann erneut übereinander geschlagen.

6. Um den Basisblätterteig zu erstellen, geben Sie dem Teigpaket zwei einfache Touren, wickeln es dann gut in Frischhaltefolie ein und legen es eine Stunde in den Kühlschrank. Dann wiederholen Sie den Vorgang, also: zwei weitere einfache Touren geben und wieder eine Stunde kühl stellen. So entstehen die vielen »Blätter« des Blätterteigs.

INFO

Beim Ausrollen des Blätterteigs sollten Sie unbedingt darauf achten, dass die Arbeitsfläche kalt ist und dass Sie mit dem Rollholz nie über den Rand des Teiges hinausrollen, sondern stets etwa 1/2 cm vor dem Rand des Teiges damit aufhören. Blätterteig lässt sich problemlos einfrieren und kann dann nach und nach verwendet werden. Deshalb lohnt es sich, diese knusprig-köstliche Teigvariante auf Vorrat herzustellen.

ZITRONENSTANGEN

1. Den Blätterteig etwa 3 Millimeter dick ausrollen. Mit einem Lineal Streifen von 2,5 Zentimeter Breite einkerben. Dann entlang der Kerbe mit einem Messer oder Rollmesser in Teigstreifen schneiden und im Kühlschrank aufbewahren.

2. Für die Glasur den Puderzucker und das Eiweiß mit einem Schneebesen gut zu einer schaumigen Masse verrühren, dann den Zitronensaft zugeben und kurz zusammenmischen.

3. Den Backofen auf 200 bis 210 °C vorheizen. Ein Backblech mit kaltem Wasser ausspülen. Die Blätterteigstreifen in der Länge des Blechs darauflegen. Die Glasur etwa 1 Millimeter dick auf die Streifen pinseln und mit einem Messer in etwa 5 Zentimeter lange Stücke teilen.

4. Die Streifen 8 bis 10 Minuten auf der mittleren Schiene des Backofens backen, dabei die Backofentür einen Spalt breit offen lassen. Die Zitronenstangen sind fertig, wenn sie zart goldbraun sind.

5. Das Blech aus dem Backofen nehmen, die Stäbchen vorsichtig voneinander trennen, vom Blech ablösen und auf einem Kuchengitter erkalten lassen.

INFO

Da der Blätterteig sich während des Backens zusammenzieht, sollten sich die Stäbchen leicht voneinander trennen lassen. Sollte dies nicht geschehen, können Sie auch mit einem Spatel vorsichtig nachhelfen. Übrigens geht der Blätterteig gleichmäßiger auf, wenn Sie einen Gitterrost direkt über dem Backblech einschieben. Dann können die Stangen während des Backens nicht umkippen, wenn der Blätterteig ungleichmäßig hoch geht.

FÜR ETWA 20 STÜCK

200 g Blätterteig (Seite 50)

Für die Glasur:
150 g Puderzucker
1 Eiweiß
2 TL Zitronensaft

Zubereitungszeit: ca. 25 Minuten
Backzeit: ca. 10 Minuten

SCHWEINEÖHRCHEN

FÜR ETWA 20 STÜCK

300 g Blätterteig (Seite 50)
80 g Zucker

Zubereitungszeit:
ca. 15 Minuten

Kühlzeit:
ca. 1 Stunde

Backzeit:
ca. 18 Minuten

1. Den gut gekühlten Blätterteig auf einer kalten, mit der Hälfte des Zuckers bestreuten Platte etwa 15 x 30 Zentimeter groß ausrollen und mit dem restlichen Zucker bestreuen.

2. Den Teig von beiden Seiten vorsichtig bis zur Mitte einschlagen. Diesen Vorgang immer wiederholen, bis eine lange, in der Mitte offene Teigrolle entstanden ist. Kalt stellen, bis der Teig gut durchgekühlt und schnittfest ist.

3. Ein Backblech mit Backpapier auslegen. Mit einem breiten Messer die Teigrolle in etwa 1 Zentimeter dicke Scheiben schneiden. Die Schweineöhrchen mit der Schnittfläche nach oben auf das Backblech legen. Etwa 30 Minuten kühl stellen.

4. Den Backofen auf 190 bis 200 °C vorheizen. Die Schweineöhrchen auf der mittleren Schiene des Backofens etwa 9 Minuten backen.

5. Wenn die Schweineöhrchen zu bräunen beginnen, das Backblech schnell aus dem Backofen nehmen, ein zweites Backpapier fest auflegen, das Ganze umdrehen und die Schweineöhrchen schnell wieder auf dem gleichen Backblech in den Backofen geben. Das Wenden der einzelnen Öhrchen würde zu lange dauern und das Gebäck zu stark abkühlen. Auf dem neuen Papier etwa 6 bis 9 Minuten backen, bis der Zucker karamellisiert ist und die Schweineöhrchen zart gebräunt sind.

6. Vom Backpapier lösen und zum Abkühlen schräg am Blechrand aufreihen, da sie sonst am Papier festkleben.

Heinemann-Tipp

Sie können 200 Gramm dunkle Kuvertüre temperieren (Seite 137) und die abgekühlten Schweineöhrchen etwa zu einem Drittel in die Kuvertüre tauchen, auf ein Backpapier legen und abkühlen lassen.

SÜSSE LUFT (BLÄTTERTEIGTASCHEN)

FÜR ETWA 15 STÜCK

Für die Blätterteigtaschen:
400 g Blätterteig (Seite 50)
2 Eigelb

Für die Füllung:
300 g Früchte der Saison

Für die Mascarponesahne:
1 Blatt Gelatine
150 g Sahne
25 g Zucker
1 Prise Salz
1 Eigelb
abgeriebene Schale von 1/2 unbehandelten Orange
75 g Mascarpone

Zubereitungszeit: ca. 60 Minuten
Kühlzeit: ca. 1 Stunde
Backzeit: ca. 30 Minuten

1. Ein Backblech mit Backpapier belegen. Den Backofen auf 170 °C vorheizen. Den Blätterteig dünn ausrollen (ca. 1,5 Millimeter) und in etwa 8 x 10 Zentimeter große Stücke schneiden. Mit Eigelb bestreichen, auf das Backblech legen und auf der mittleren Schiene des Backofens in etwa 30 Minuten schön braun backen.

2. Die Taschen vorsichtig aufschneiden und etwa zur Hälfte mit Mascarponesahne füllen. Aufgefüllt werden die Taschen mit klein geschnittenen Früchten der Saison.

Mascarponesahne

1. Die Gelatine einweichen (Seite 136). Von der Sahne 50 Gramm mit Zucker und einer Prise Salz erhitzen und mit dem Eigelb zur Rose abziehen (Seite 137). Die Gelatine ausdrücken, in etwas heißem Wasser auflösen und mit der Orangenschale in die Sahnemischung rühren. Kalt stellen, bis die Masse beginnt, fest zu werden.

2. Mascarpone hinzufügen und gut verrühren. Die restliche Sahne schlagen und vorsichtig unterheben.

FÜLLUNGSVARIANTEN

Himbeermousse

Zwei Blätter Gelatine einweichen (Seite 136). 30 Milliliter Wein mit 20 Gramm Zucker aufkochen, etwas abkühlen lassen, dann zwei Eigelb dazugeben und zur Rose abziehen (Seite 137). Die gut ausgedrückte Gelatine in zwei Esslöffeln heißem Wasser auflösen und gleichmäßig unter die Masse rühren. Dann 150 Gramm pürierte Himbeeren hinzufügen, alles kurz miteinander verrühren und die Masse abkühlen lassen. 75 Gramm Sahne schlagen. Mit einem Teil der Himbeercreme angleichen (Seite 136), dann die restliche Fruchtcreme unterziehen. Die fertige Mousse kühl stellen. Die Taschen mit der Mousse füllen, sobald sie fest geworden ist.

Äpfel in Calvados-Sirup

Äpfel können Sie über das ganze Jahr hinweg verwenden. Mit Calvados-Sirup können Sie sie noch schmackhafter machen:
200 Milliliter Läuterzucker (Seite 136), 70 Milliliter Wasser, zwei Esslöffel Zitronensaft und die abgeriebene Schale von einer unbehandelten Zitrone kurz aufkochen. Die Mischung abkühlen lassen und 200 Milliliter Calvados dazugeben. Vier säuerliche Äpfel schälen, entkernen, in schmale Segmente zerschneiden und in dem Calvados-Sirup kurz blanchieren. Auf einem Gitter abkühlen und abtropfen lassen, bis sie nicht mehr feucht sind. Erst dann in die Blätterteigtaschen geben.

Kirschkompott

Einfach zuzubereiten ist diese Variante, Sie brauchen dazu nur ein großes Glas Schattenmorellen (etwa 380 g Fruchteinwaage). Etwa 4 Esslöffel von dem Kirschsaft abnehmen und mit 25 Gramm Speisestärke verrühren. Die Schattenmorellen mit 90 Gramm Zucker im restlichen Saft aufkochen, bis sich der Zucker gelöst hat. Die Stärkemischung unterrühren und das Kompott abkühlen lassen.

INFO

Auf Seite 44 ist dieses köstliche Gebäck abgebildet.

SÜSSE BLÄTTERTEIGSPIRALEN

FÜR ETWA 30 STÜCK

80 g geschälte Mandeln
1 Ei
250 g Blätterteig (Seite 50)
5 EL Rohrzucker

Zubereitungszeit:
ca. 25 Minuten

Backzeit:
ca. 25 Minuten

1. Die Mandeln fein hacken. Das Ei verquirlen. Den Blätterteig 2 Millimeter dick ausrollen und mit dem Ei bestreichen. Zuerst mit Zucker, dann mit Mandeln bestreuen und etwas andrücken.

2. Die Arbeitsfläche mit Alufolie belegen. Den Teig mit der bestrichenen Seite darauflegen. Die oben liegende Seite ebenfalls mit Ei bestreichen und ebenfalls mit Zucker und Mandeln bestreuen. Wieder andrücken.

3. Kleine Streifen von etwa 8 Zentimeter Länge und 2 Zentimeter Breite schneiden. Die Streifen so gegeneinander drehen, dass eine spiralförmige Stange entsteht.

4. Den Backofen auf 210 °C vorheizen. Ein Backblech kalt abspülen, die Spiralen darauflegen und auf der mittleren Schiene des Backofens 8 Minuten backen. Dann die Temperatur auf 160 °C reduzieren und weitere 10 bis 15 Minuten backen, bis das Gebäck hellgelb ist. Aus dem Backofen nehmen, den Backofen aber eingeschaltet lassen.

5. Wenn die Spiralen kalt sind, noch einmal kurz bei 160 °C nachbacken, bis die Spiralen goldbraun und knusprig sind.

INFO

Natürlich ist es etwas aufwendig, die Blätterteigspiralen zweimal statt nur einmal zu backen. Doch der Aufwand lohnt sich und sollte bei jedem Blätterteiggebäck angewendet werden, denn durch das zweimalige oder sogar dreimalige Backen wird der Teig knuspriger und viel gleichmäßiger braun. Gleichzeitig entfaltet dadurch die Butter ihr volles Aroma.

PLUNDERTEIG (GRUNDREZEPT)

FÜR ETWA 1,6 KG TEIG

Für die Butterplatte:
400 g weiche Butter
50 g Mehl

Für den Teig:
1/2 l Milch
50 g Hefe
3 Eigelb
50 g Zucker
500 g Mehl
5 g Salz
50 g Butter

Zubereitungszeit:
ca. 30 Minuten

Kühlzeit:
insgesamt 5 Stunden

1. Für die Butterplatte die Butter mit Mehl verkneten, zu einer Platte von etwa 20 x 15 Zentimetern formen und kalt stellen.

2. Für den Teig die Milch erwärmen und die Hefe darin auflösen. Anschließend die restlichen Zutaten zugeben und mit einem Handrührgerät oder einer Küchenmaschine verkneten. Den Teig in Folie wickeln und 1 Stunde kühl stellen.

3. Den kühlen Teig auf einer leicht bemehlten Arbeitsfläche auf 25 x 35 Zentimeter ausrollen. Die Butterplatte auf die linke Teighälfte legen. Die andere Hälfte überklappen und die Ränder gut verschließen. In eine Folie schlagen und 1 Stunde kühl stellen.

4. Den Teig mit Mehl bestreuen und auf 30 x 40 Zentimeter ausrollen, dann mit einem Backpinsel jegliches überschüssige Mehl abfegen. Die linke und die rechte Teigseite jeweils bis zur Mitte einklappen. Dann die umgeklappten Seiten übereinanderklappen, so dass der Teig 4 Schichten aufweist und etwa 30 x 10 Zentimeter groß ist. In Folie wickeln und 1 Stunde kühl stellen. Diesen Vorgang noch zweimal wiederholen, dabei darauf achten, dass der Teig immer um 90 Grad gedreht wird.

INFO

Dieser Teig ist normalerweise weicher als Blätterteig, und die verschiedenen Schichten sind viel deutlicher zu erkennen. Plunderteig eignet sich insbesondere für Schnecken und Taschen verschiedenster Art.
Die Herstellung des Plunderteigs ist für den Hausgebrauch wegen der vielen langen Ruhezeiten recht zeitaufwendig. Sie können diesen Teig jedoch sehr gut auf Vorrat herstellen und in Tiefkühlbeuteln einfrieren. Falls Ihnen der ganze Vorgang zu lange dauert: Eine etwas andere, dafür aber schnellere Zubereitungsvariante für den Plunderteig finden Sie beim Rezept für Kopenhagener (Seite 64).

NUSS-SCHNECKCHEN

1. Für die Füllung Milch, Zucker, Vanillezucker und die Zitronenschale aufkochen. Vom Herd nehmen, dann die Nüsse und den Rum zugeben. Kalt werden lassen.

2. Den Plunderteig 40 x 30 Zentimeter groß ausrollen und mit der Füllung bestreichen. Den Teig fest einrollen und in Folie gewickelt 15 Minuten kalt stellen.

3. Ein Backblech mit Backpapier belegen. Die Rolle in etwa 2 Zentimeter dicke Scheiben schneiden. Die Scheiben auf das Blech legen und 10 Minuten ruhen lassen. Den Backofen auf 220 °C vorheizen.

4. Die Eigelbe verquirlen, die Nussschnecken dünn damit bestreichen und dann auf der mittleren Schiene des Backofens etwa 3 Minuten backen. Die Temperatur dann auf 190 °C reduzieren und die Schneckchen weitere 10 Minuten backen.

5. Die Aprikosenkonfitüre erwärmen und die Schneckchen dünn damit bestreichen. Den Fondant auf 40 °C erwärmen und die Schnecken zuletzt damit bestreichen.

FÜR ETWA 15 STÜCK

Für die Füllung:
120 ml Milch
60 g Zucker
1 EL Vanillezucker (Seite 137)
abgeriebene Schale von 1/2 unbehandelten Zitrone
200 g gemahlene Haselnüsse
1 EL Rum

Für die Nussschneckchen:
500 g Plunderteig (Seite 58)
2 Eigelb
50 g Aprikosenkonfitüre
100 g Fondant

Zubereitungszeit:
ca. 30 Minuten

Kühlzeit:
15 Minuten

Ruhezeit:
ca. 10 Minuten

Backzeit:
ca. 13 Minuten

Quarktäschchen

FÜR 12 STÜCK

Für die Füllung:
100 g Quark (10 % Fett)
20 g Puderzucker
5 g Puddingpulver
15 g Butter
15 g Rosinen
5 g Vanillezucker (Seite 137)
1 Prise Salz

Für die Quarktäschchen:
500 g Plunderteig (Seite 58)
1 Eigelb
Puderzucker

Zubereitungszeit: ca. 20 Minuten
Kühlzeit: 10 Minuten
Backzeit: ca. 13 Minuten

1. Alle Zutaten für die Füllung gut miteinander verrühren.

2. Den kalten Plunderteig 30 x 40 Zentimeter groß ausrollen und dann in 12 kleine Quadrate von je 10 x 10 Zentimetern schneiden. Die Quarkfüllung in die Mitte der Quadrate geben. Die Teigecken mit dem Eigelb bestreichen und in Taschenform zusammenklappen. Anschließend für 5 bis 10 Minuten kühl stellen.

3. Den Backofen auf 220 °C vorheizen. Ein Backblech mit Backpapier auslegen.

4. Die Quarktaschen auf das Backblech geben und auf der mittleren Schiene etwa 3 Minuten backen, dann die Temperatur auf 190 °C reduzieren und die Taschen weitere 10 Minuten backen.

5. Die Quarktäschchen vom Blech lösen, auf einem Kuchengitter abkühlen lassen und mit etwas Puderzucker bestreuen.

Info

Die Rosinen schmecken besonders gut, wenn Sie sie über Nacht in Rum einlegen. Vor dem Gebrauch sollten Sie sie gut abtropfen lassen und anschließend mit Küchenpapier trocken tupfen.

FRANZBRÖTCHEN

1. Für die Füllung die Zitronenschale mit dem Läuterzucker und 60 Milliliter Wasser kurz aufkochen und dann abkühlen lassen. Den Zucker mit dem Zimt gut mischen.

2. Den Plunderteig 40 x 40 Zentimeter groß ausrollen und erst mit dem Zitronen-Zuckerwasser bestreichen, dann gleichmäßig mit dem Zimtzucker bestreuen. Den Teig fest einrollen und in Folie gewickelt etwa 15 Minuten kalt stellen.

3. Ein Backblech mit Backpapier auslegen. Die Teigrolle mit dem Teigrand nach unten auf eine bemehlte Arbeitsfläche legen und mit einem scharfen Messer in 4 Zentimeter dicke Scheiben schneiden. Jede Scheibe mit dem Stiel des Kochlöffels in der Mitte kräftig eindrücken, so dass sich die Teigschichten an beiden Schnittkanten voneinander lösen und die Zimtzuckerschicht sichtbar wird. Die Teigstücke auf das Backblech legen und an einem warmen Ort etwa 15 Minuten ruhen lassen.

4. Den Backofen auf 200 °C vorheizen. Die Franzbrötchen auf der mittleren Schiene des Backofens 20 bis 25 Minuten backen.

INFO

Dieses köstliche Plundergebäck mit Zimt erfreut sich vor allem in Hamburg größter Beliebtheit! Franzbrötchen können Sie auch auf Vorrat backen und einfrieren.

FÜR ETWA 10 STÜCK

Für die Füllung:

abgeriebene Schale von 1/2 unbehandelten Zitrone

60 ml Läuterzucker (Seite 136)

100 g Zucker

1 TL Zimt

Für die Franzbrötchen:

500 g Plunderteig (Seite 58)

Außerdem:

Pinsel

Kochlöffel

Zubereitungszeit: ca. 30 Minuten

Kühlzeit: ca. 15 Minuten

Ruhezeit: ca. 15 Minuten

Backzeit: ca. 25 Minuten

PLUNDERZÖPFE MIT MARZIPANFÜLLUNG

FÜR 4 STÜCK

Für die Füllung:

40 g kandierte Kirschen (Belegkirschen)
60 g kandierte Ananas
30 g Zitronat
30 g Rosinen
200 g Marzipanrohmasse
50 ml Rum

Für die Plunderzöpfe:

500 g Plunderteig (Seite 58)

Für die Glasur:

50 g Aprikosenkonfitüre
100 g Fondant

Zubereitungszeit: ca. 35 Minuten
Ruhezeit: ca. 30 Minuten
Backzeit: ca. 23 Minuten

1. Für die Füllung die kandierten Kirschen, die kandierte Ananas und das Zitronat fein hacken und mit den Rosinen mischen. Das Marzipan zerkleinern, mit dem Rum mischen und gut verkneten, bis die Masse streichfähig ist.

2. Den Plunderteig zu einer Teigplatte von etwa 48 x 20 Zentimetern ausrollen und diese gleichmäßig mit der Marzipanmasse bestreichen. Dann die Früchtemischung darauf verteilen.

3. Den Teig einrollen, so dass eine 48 Zentimeter lange Rolle entsteht. Diese Rolle der Länge nach durchschneiden, dann die beiden Stränge jeweils in 4 etwa 12 Zentimeter lange Teigstücke schneiden. Aus jeweils 2 der insgesamt 8 Teigstücke einen kleinen Zopf flechten. Die 4 Zöpfe abgedeckt ca. 30 Minuten ruhen lassen.

4. Ein Backblech mit Backpapier auslegen. Den Backofen auf 210 °C vorheizen. Die Zöpfe auf das Backblech legen und auf der mittleren Schiene des Backofens 3 Minuten backen. Dann die Temperatur auf 180 °C reduzieren und die Zöpfe in 15 bis 20 Minuten fertig backen.

5. Für die Glasur die Aprikosenkonfitüre erhitzen, etwas abkühlen lassen und die Zöpfe dünn damit bestreichen.

6. Abschließend den Fondant auf 30 °C erwärmen und die Zöpfe ebenfalls damit bestreichen.

Heinemann-Tipp

Sie können die Zöpfe nach dem Glasieren zusätzlich noch mit gehobelten, gerösteten Mandeln bestreuen.

PLUNDERZÖPFE MIT MOHNFÜLLUNG

FÜR 12 STÜCK

Für die Füllung:
80 ml Milch
1 Eigelb
1 EL Speisestärke
25 g Sahne
15 g Zucker
1 Prise Salz
1/2 Vanilleschote
100 g Fertigmohn
abgeriebene Schale von 1 unbehandelten Zitrone
10 ml Rum
20 g Rosinen

Für die Plunderzöpfe:
500 g Plunderteig (Seite 58)
1 Eigelb

Für die Glasur:
50 g Aprikosenkonfitüre
100 g Fondant

Zubereitungszeit: ca. 25 Minuten
Kühlzeit: ca. 10 Minuten
Backzeit: ca. 13 Minuten

1. Für die Füllung 1 Esslöffel von der Milch mit dem Eigelb und der Speisestärke verquirlen.

2. Die restliche Milch, Sahne, Zucker, Salz und die halbe Vanilleschote auf etwa 60 °C erhitzen. Die Vanilleschote herausnehmen, aufschlitzen, das Mark auskratzen und in die Milch zurückgeben. Aufkochen lassen, vom Herd ziehen, die Stärkemischung dazugeben und unter kräftigem Rühren noch einmal kurz aufkochen, dann etwas abkühlen lassen. Den Mohn, die Zitronenschale, den Rum und die Rosinen dazugeben und alles kurz miteinander verrühren.

3. Ein Backblech mit Backpapier auslegen. Den kalten Plunderteig auf 30 x 40 Zentimeter ausrollen. In 12 kleine Quadrate von je 10 x 10 Zentimetern schneiden. Die Mohnfüllung in die Mitte der Quadrate verteilen. Die Ecken der Quadrate mit dem Eigelb bestreichen und in Taschenform zusammenklappen, auf das Backblech legen und etwa 5 bis 10 Minuten kühl stellen.

4. Den Backofen auf 220 °C vorheizen. Die Plundertaschen etwa 3 Minuten backen, dann die Temperatur auf 190 °C reduzieren und das Gebäck weitere 10 Minuten backen.

5. Für die Glasur die Aprikosenkonfitüre erwärmen und dünn auf die Plundertäschchen streichen. Dann den Fondant auf 30 °C erwärmen und die Plundertäschchen zuletzt damit glasieren.

KOPENHAGENER (GRUNDREZEPT)

FÜR 15 STÜCK

Für den Plunderteig:

250 g weiche Butter

250 g Mehl Type 550

30 g Hefe

70 ml Milch

1 Prise Zucker

25 g weiche Butter

1 TL Salz

abgeriebene Schale von 1/2 unbehandelten Zitrone

1 Ei

Zum Bestreichen:

1 Eigelb

2 EL Milch

Zum Garnieren:

200 g Aprikosenkonfitüre

50 g gehobelte, geröstete Mandeln

Zubereitungszeit:
ca. 45 Minuten

Kühlzeit:
ca. 1 1/2 Stunden

Gehzeit:
ca. 1 Stunde

Backzeit:
ca. 15 Minuten

1. Bereits am Vortag die Butter mit 50 Gramm Mehl verkneten und zu einem Ziegel formen. In Folie wickeln und kalt stellen.

2. Für den Plunderteig die Hefe in der Milch auflösen, dann das restliche Mehl und alle anderen verbliebenen Zutaten (bis auf den Butter-Mehl-Ziegel) kurz verkneten. Abgedeckt 30 Minuten kühl stellen.

3. Den Teig auf einer leicht bemehlten Arbeitsfläche auf 12 x 24 Zentimeter ausrollen. Den Butter-Mehl-Ziegel auf eine Größe von 12 x 12 Zentimetern ausrollen und auf die linke Hälfte der Teigplatte legen. Die andere Hälfte überklappen und die Ränder gut verschließen.

4. Das Teigstück erneut ausrollen (18 x 36 Zentimeter) und mit einem Backpinsel jegliches Mehl abfegen. Die linke und die rechte Teigseite in die Mitte klappen. Dann die umgeklappten Seiten übereinanderlegen, so dass der Teig 4 Schichten aufweist und 18 x 9 Zentimeter groß ist. Das Teigstück in Folie wickeln und 15 Minuten in den Kühlschrank legen. Dann den hier beschriebenen Vorgang noch einmal wiederholen, den Teig dieses Mal aber 30 Minuten kalt stellen. Abschließend den Teig flach auf 30 x 50 Zentimeter ausrollen und in 15 Quadrate von 10 x 10 Zentimetern schneiden.

5. Ein Backblech mit Backpapier auslegen. Das Eigelb mit der Milch verquirlen und auf die Teigstücke streichen. Auf das Backblech geben und etwa 1 Stunde gehen lassen.

6. Den Backofen auf 220 °C vorheizen und die Kopenhagener auf der mittleren Schiene des Backofens etwa 15 Minuten backen. Auskühlen lassen.

7. Abschließend die Aprikosenkonfitüre erwärmen, heiß auf die Kopenhagener streichen und mit den gerösteten Mandeln bestreuen.

INFO

Sollte der Plunderteig beim Backen nicht hochgehen, war die Butter bei der Teigherstellung nicht kalt genug. Deshalb unbedingt die Kühlzeiten beachten.

GEFÜLLTE KOPENHAGENER (VARIANTEN)

MIT VANILLECREME-FÜLLUNG

FÜR 15 STÜCK

Für die Kopenhagener:
Plunderteig (Seite 64)

Für die Vanillecreme:
1/4 l Milch
1 Eigelb
2 EL Speisestärke
75 g Sahne
40 g Zucker
1 Prise Salz
1/2 Vanilleschote

Außerdem:
Spritzbeutel mit glatter Tülle

Zubereitungszeit für die Füllung:
ca. 10 Minuten

1. Den Plunderteig wie im Basisrezept (Seite 64, Punkte 1 bis 4) beschrieben herstellen, ausrollen und auf etwa 15 Quadrate zuschneiden.

2. Für die Vanillecreme 2 Esslöffel von der Milch mit dem Eigelb und der Speisestärke verquirlen. Die restliche Milch, Sahne, Zucker, Salz und die Vanilleschote auf etwa 60 °C erhitzen. Die Vanilleschote herausnehmen, das Mark auskratzen und in die Milch geben. Die Stärkemischung dazugeben und unter kräftigem Rühren noch einmal kurz aufkochen lassen.

3. Die handwarme Vanillecreme mit dem Spritzbeutel auf die Teigstücke dressieren. Die Ränder mit Wasser anfeuchten und die Kopenhagener zu einem Dreieck zusammenklappen. Fertigstellung wie im Grundrezept (Punkt 5 bis 7) beschrieben.

MIT APRIKOSEN- ODER KIRSCH-FÜLLUNG

FÜR 15 STÜCK

Für die Kopenhagener:
Plunderteig (Seite 64)

Für die Vanillecreme:
160 ml Milch
50 g Sahne
25 g Zucker
1 Prise Salz
1/2 Vanilleschote
1 Eigelb
2 EL Speisestärke

Für die Fruchtauflage:
15 Aprikosenhälften oder
400 g Kirschen + etwas Zucker

Zubereitungszeit für die Füllung:
ca. 15 Minuten

1. Zusätzlich zu der Vanillecreme wird noch Obst hinzugefügt. Stellen Sie die Vanillecreme wie oben beschrieben her, jedoch mit den hier aufgeführten reduzierten Mengen. Das Obst wird aufgelegt, nachdem die Creme auf den Teigstücken verteilt wurde. Kirschen vor dem Auflegen erhitzen und mit etwas Zucker einkochen, bis sie eine zähflüssige Masse bilden.

MIT HASELNUSS-FÜLLUNG

FÜR 15 STÜCK

Für die Kopenhagener:
Plunderteig (Seite 64)

Für die Haselnussfüllung:
160 g gemahlene Haselnüsse
80 g Puderzucker
3 EL Rum
100 g gehackte, geröstete Haselnüsse

Außerdem:
Spritzbeutel mit glatter Tülle

Zubereitungszeit für die Füllung:
ca. 20 Minuten

1. Den Plunderteig wie im Basisrezept beschrieben herstellen, ausrollen und zuschneiden (Punkt 1 bis 4).

2. Für die Füllung die Haselnüsse und den Puderzucker mischen. Mit einem Handrührgerät mit Knethaken 3 Esslöffel Wasser und Rum unterrühren. Kalt stellen und fest werden lassen. Die Füllung sollte geschmeidig, aber nicht flüssig sein.

3. Die Nussmasse mit etwas Wasser zu einer spritzfähigen Masse verdünnen. Mit einem Spritzbeutel jeweils auf die Hälfte der Teigstücke einen u-förmigen Strang dressieren und die gehackten Haselnüsse darüberstreuen.

4. Die Teigstücke quer zusammenklappen und andrücken. Die Rechtecke quer vor sich hinlegen und jedes in der Mitte der Länge nach einschneiden, auf etwa drei Viertel der Länge. Die lose aufeinanderliegenden Enden des Teigrechtecks jeweils an den Spitzen zusammendrücken und umeinanderdrehen (eine halbe Umdrehung).

5. Fertigstellung wie im Grundrezept beschrieben (Seite 64, Punkte 5 bis 7).

ZITRONEN-ECLAIRS

FÜR ETWA 12 STÜCK

Für den Brandteig:
180 ml Milch
75 g Butter
1 Prise Salz
50 g Zucker
100 g Mehl
3 Eier

Für die Glasur:
100 g Aprikosenkonfitüre
150 g Fondant
30 g Butter

Für die Zitronensahne:
4 Blatt Gelatine
60 ml Zitronensaft
80 g Zucker
abgeriebene Schale von
1 unbehandelten Zitrone
300 g Sahne

Außerdem:
Spritzbeutel mit großer Sterntülle

Zubereitungszeit: ca. 50 Minuten

Backzeit: ca. 20 Minuten

1. Für den Teig Milch, Butter, Salz und Zucker aufkochen, den Topf vom Herd nehmen und das Mehl mit einem Holzlöffel einrühren. Wieder auf den Herd stellen und die Masse unter ständigem Rühren abbrennen, bis sie sich vom Topf löst. Den Teig abkühlen lassen. Dann nach und nach die Eier einarbeiten.

2. Den Backofen auf 200 °C vorheizen. Ein Backblech mit Backpapier belegen. Den Teig in den Spritzbeutel geben und 12 längliche Eclairs auf das Blech spritzen. Auf der mittleren Schiene des Backofens 20 Minuten backen. Auskühlen lassen und in der Mitte durchschneiden.

3. Für die Glasur die Aprikosenkonfitüre erwärmen und die Eclairoberteile damit bestreichen. Den Fondant auf etwa 30 °C erwärmen und die Butter darin auflösen. Auf die Aprikotierung streichen.

4. Für die Zitronensahne die Gelatine einweichen (Seite 136). Zitronensaft und Zucker erwärmen, die ausgedrückte Gelatine darin auflösen. Die Sahne schlagen, dann die Gelatinemasse und die abgeriebene Zitronenschale mit einem Fünftel der aufgeschlagenen Sahne angleichen. Die restliche Sahne unterheben. Die unteren Hälften der Eclairs mit der Zitronensahne füllen und die Oberteile aufsetzen.

BRANDTEIGGEBÄCK

FÜR ETWA 10 ECLAIRS ODER WINDBEUTEL

Für den Teig:
1/8 l Milch
1 Prise Salz
etwas abgeriebene Schale von 1 unbehandelten Zitrone
1 TL Vanillezucker (Seite 137)
20 g Zucker
50 g Butter
80 g Mehl
2 Eier

Für die Kirsch- oder Orangensahnefüllung:
2 Blatt Gelatine
500 g Sahne
10 g Zucker
10 ml Kirschwasser (40 %) oder
10 ml Grand Marnier

Außerdem:
Spritzbeutel mit Sterntülle

Zubereitungszeit: ca. 30 Minuten
Backzeit: ca. 20 Minuten

1. Alle Zutaten bis auf das Mehl und die Eier in einem Topf zusammenmischen und kurz aufkochen. Das Mehl dazugeben und mit einem Holzlöffel unterrühren. Weiter erhitzen, bis sich die Masse vom Topfboden löst. Den Topf vom Herd nehmen und den Teig 5 Minuten abkühlen lassen. Dann unter ständigem Rühren die Eier dazugeben und alles zu einem glatten Teig verarbeiten.

2. Den Backofen auf 190 °C vorheizen. Ein Backblech mit Backpapier belegen. Den Teig in den Spritzbeutel geben und auf das Backblech spritzen. Für Eclairs sollten Stangen, für Windbeutel runde Formen aufgespritzt werden. Auf der mittleren Schiene des Backofens etwa 20 Minuten backen. Abkühlen lassen, aufschneiden und nach Wunsch füllen.

3. Die Gelatine einweichen (Seite 136). 50 Gramm Sahne erwärmen, die Gelatine gut ausdrücken und in der Sahne auflösen. Die restliche Sahne mit dem Zucker steif schlagen. Dann vorsichtig das Kirschwasser oder den Grand Marnier sowie die aufgelöste Gelatine dazumischen. Kurz anziehen lassen, dann in den Spritzbeutel geben und in die Eclairs oder Windbeutel füllen.

Heinemann-Tipp

Während der ersten 10 Minuten der Backzeit darf die Backofentür auf keinen Fall geöffnet werden, da sonst der Teig in sich zusammenfällt. Wenn Sie dagegen während der letzten 5 Minuten der Backzeit die Backofentür einen Spalt offen lassen, wird das Gebäck besonders knusprig. Bei durchgehend geschlossener Backofentür erhalten Sie ein weicheres Gebäck.

INFO

Dieser Teig ist die Basis für Eclairs und Windbeutel. Die Größe können Sie frei wählen: Vom gefüllten Mini-Sahnebeutel bis zum 20 Zentimeter langen Riesen-Eclair für zwei Personen ist alles möglich!

Füllungsvarianten

Brandteiggebäck lädt förmlich dazu ein, Füllungen und Garnierungen nach Lust und Laune zu variieren! Überlegen Sie sich zunächst, ob Sie eher großes oder kleines Gebäck herstellen wollen. Beachten Sie dabei aber, dass Sie für kleineres Gebäck bei der gleichen Menge Teig deutlich weniger Füllung benötigen. Nehmen Sie die nachstehenden Füllungen als Basis für Ihre eigenen Kreationen und Mischungen.

Vanillesahnecreme

Für die Vanillecreme 2 Esslöffel Milch mit einem Eigelb und 2 Esslöffel Speisestärke verquirlen. 150 Milliliter Milch, 50 Gramm Sahne, 25 Gramm Zucker, eine Prise Salz und eine Vanilleschote auf etwa 60 °C erhitzen. Die Vanilleschote herausnehmen, das Mark auskratzen und in die Milch geben. Die Stärkemischung dazugeben und unter kräftigem Rühren noch einmal kurz aufkochen lassen. Zwei Blätter Gelatine einweichen (Seite 136). Die Gelatine in ein wenig erwärmter Sahne auflösen und in die erkaltete Vanillecreme rühren. 200 Gramm Sahne steif schlagen und vorsichtig unter die Vanillecreme heben. In den Spritzbeutel geben und die Eclairs/Windbeutel damit füllen.

Auf der Basis dieser Vanillesahnecreme können Sie Füllungen mit verschiedenen Geschmacksrichtungen erstellen.

Kaffeesahnecreme

Mischen Sie in die noch heiße Vanillecreme 10 Gramm lösliches Kaffeegranulat.

Schokosahnecreme

Zerhacken Sie 50 Gramm dunkle Kuvertüre und mischen Sie sie in die noch heiße Vanillecreme.

Info

Statt bei der Zubereitung der Vanillesahnecreme die kurz eingeweichte Gelatine separat in etwas erwärmter Sahne aufzulösen, können Sie diese schon beim abschließenden Kochen der Vanillecreme dazugeben.

Garnierungsvarianten

Zum Abschluss können Sie die Eclairs/Windbeutel mit Puderzucker oder Kakaopulver bestäuben. Alternativ erhitzen Sie etwa 40 Gramm Aprikosenkonfitüre, bestreichen damit den Brandteig ganz dünn, erwärmen dann 100 Gramm Fondant auf 30 °C und glasieren Ihr Gebäck damit. Oder Sie temperieren 150 Gramm dunkle Kuvertüre (siehe Seite 137) und überziehen den Brandteig mit einer köstlichen Schokoladenschicht!

EXQUISITE KÖSTLICHKEITEN

Wer seine Gäste am Sonntagnachmittag mit etwas Besonderem beglücken will, der wird in diesem Kapitel auf jeden Fall fündig. Manche dieser Schnitten und Törtchen kennen Sie vielleicht schon aus der Konditorei, bei anderen gibt es dagegen keine Alternative zur eigenen Herstellung. Das ein oder andere Rezept erfordert ein wenig Zeit, doch auf eines können Sie sich verlassen: Das Resultat lohnt die Mühe!

GENUSS FÜR AUGE UND GAUMEN

Freuen Sie sich auf kulinarische Höhepunkte der Patisserie! Opulente Törtchen, mal mit frischem Fruchtbelag, mal mit einer Schaum- oder Sahnehaube. Darf es vielleicht ein feines Schnittchen mit herrlichem Vanille- oder Nussgeschmack sein? Wie wäre es mit einem schmackhaften Rübli-Küchlein oder einem sahnigen Früchteomelett? Hier erwarten Sie raffinierte Kleinigkeiten für besondere Anlässe!

Kleine Törtchen sind die Zierde jeder Kaffeetafel. Doch obwohl sie einen Hauch von guter Lebensart verbreiten, können sie zur Not auch gut mit der Hand gegessen werden und eignen sich damit sowohl für die Festtagstafel mit kostbarem Silberbesteck als auch für eine formlose Gartenparty mit Kindern. Mit frischen Früchten, Marzipan- oder Milchreisfüllung bieten sie außerdem etwas für jeden Geschmack.

MÜRBETEIG: VIELFÄLTIG EINSETZBAR, SENSIBEL BEI DER ZUBEREITUNG

In diesem Kapitel werden Sie immer wieder auf Mürbeteig stoßen, denn dieser Teig kann sehr vielseitig zubereitet und eingesetzt werden, vor allem als Boden für Schnitten und Törtchen. Dabei passt der buttrig-süße Mürbeteig geschmacklich perfekt zu Früchten und Cremes und bildet zusätzlich durch seine brüchig-krümelige Beschaffenheit einen schönen Kontrast zu den köstlichen cremigen Füllungen. Bei der Zubereitung sollte man sich allerdings nicht zu viel Zeit lassen, sonst wird die Butter weich, was die weitere Verarbeitung erschwert und dazu führen kann, dass der Mürbeboden nicht so gut zusammenhält. Verschwenden Sie beim Zusammenkneten der Zutaten keine Zeit und halten Sie die Kühlzeiten nach dem Kneten ein!

OBST: FRISCH ODER GAR NICHT?

Neben Sahne und Creme gehören Früchte zu den beliebtesten Füllungen und Auflagen für Törtchen. Am besten schmeckt Obst, wenn es reif und möglichst frisch verwendet wird. Zwar bekommen Sie viele Obstsorten auch außerhalb der Saison. Leider müssen sie dann aber importiert oder in Gewächshäusern angebaut werden, worunter Geschmack und Inhaltsstoffe leiden.
Obst außerhalb der Saison verwenden? Dazu hat Heinz-Richard Heinemann eine klare Meinung: Auf keinen Fall! Erdbeerkuchen werden Sie in seinen Konditoreien nur in der Zeit finden, in der es auch frische Erdbeeren gibt. Doch was tun, wenn Sie außerhalb der Saison akuter Heiß-

hunger auf Himbeeren packt? Dann empfiehlt sich am ehesten der Griff zu tiefgefrorenem Obst, das erntefrisch eingefroren wird. Bitte bedenken Sie jedoch, dass beim Einfrieren die Textur der Früchte in Mitleidenschaft gezogen wird. Verwenden Sie aufgetautes Obst deshalb bevorzugt für Füllungen, möglichst nicht zum Auflegen!

DAS AUGE ISST MIT!

In jedem Fall können Sie Ihr Gebäck zusätzlich mit filigranen und knusprigen Dekorationen versehen. Dazu empfiehlt Heinz-Richard Heinemann den Einsatz von Hippenmasse. Sie ist besonders einfach und vielseitig formbar: Der marzipanhaltige Teig kann vor, während wie auch direkt nach dem Backen in jede Form gebracht werden. Das Rezept finden Sie auf Seite 99.

Die nach dem Backen leicht formbare Hippenmasse lässt sich vielseitig verarbeiten: zu Knabbereien, Dessertschälchen oder Eistüten.

OBSTTORTELETTS

FÜR ETWA 12 STÜCK

Für den Mürbeteig:
180 g kalte Butter
90 g Puderzucker
1 Prise Salz
Mark von 1/2 Vanilleschote
2 Eigelb
260 g Mehl Type 550

Für den Biskuitboden:
30 g Butter
3 Eier
120 g Zucker
1 Prise Salz
60 g Mehl Type 550
70 g Speisestärke

Für die Vanillecreme:
150 ml Milch
50 g Sahne
1 Prise Salz
2 EL Zucker
Mark von 1/2 Vanilleschote
3 EL Milch
15 g Speisestärke
1 Eigelb

Zum Bestreichen:
200 g Vollmilchkuvertüre

Für den Belag und die Glasur:
Früchte der Saison
200 ml Wein oder klarer Obstsaft
2 EL Agar-Agar
100 g Zucker

Außerdem:
12 Torteletteförmchen (etwa 8 cm Ø)
Pinsel

Zubereitungszeit:
ca. 80 Minuten

Kühlzeit:
möglichst über Nacht

Backzeit:
ca. 40 Minuten

1. Für den Mürbeteig die kalte Butter, Puderzucker, Salz, Vanillemark und Eigelbe zu einer glatten Masse verkneten. Das Mehl zum Schluss vorsichtig unterarbeiten. Den Teig kalt stellen, am besten über Nacht, dann lässt er sich besser weiterverarbeiten.

2. Die Tortelettförmchen einfetten. Den Backofen auf 160 °C vorheizen. Den Teig etwa 3 Millimeter dünn ausrollen. Teigstücke ausschneiden, die etwas größer als die Förmchen sind und die Förmchen damit auslegen. Gut andrücken und mehrmals mit einer Gabel einstechen. Auf der mittleren Schiene des Backofens etwa 20 Minuten backen.

3. Für den Biskuitboden die Butter schmelzen und abkühlen lassen. Eier, Zucker und Salz unter Rühren im Wasserbad erwärmen (ungefähr 36,5 °C), herausnehmen und weiter schaumig schlagen. Mehl und Speisestärke sieben und vorsichtig untermelieren. Zuletzt die flüssige Butter untermischen.

4. Den Backofen auf 170 °C vorheizen. Ein Backblech mit Backpapier auslegen. Den Teig quadratisch auf das Backblech streichen. Im vorgeheizten Backofen etwa 20 Minuten backen. Abkühlen lassen.

5. Aus dem Biskuitboden Kreise in Größe der Tortelettförmchen ausstechen. Die Reste klein bröseln, da sie ebenfalls verwendet werden.

6. Für die Vanillecreme Milch, Sahne, Salz, Zucker und das Vanillemark zum Kochen bringen. Die Milch, Speisestärke und das Eigelb mit einem Schneebesen verquirlen. Die Sahnemischung vom Herd nehmen und das Stärkegemisch zugeben. Unter ständigem Rühren wieder erhitzen und zur Rose abziehen (siehe Seite 137).

7. Zum Bestreichen die Kuvertüre auflösen und mit einem Pinsel in die ausgekühlten Törtchen streichen. Die aus dem Biskuitboden ausgestochenen Teigscheiben auflegen. Die noch warme Vanillecreme einfüllen, so dass die Teigscheiben gerade bedeckt sind. Den übrigen zerbröselten Biskuitteig auf der Creme verteilen.

8. Für Belag und Glasur die Früchte waschen, halbieren oder in mundgerechte Stückchen schneiden. Auf den Torteletts anordnen. Wein oder Saft mit Agar-Agar und Zucker aufkochen. Drei Minuten köcheln lassen, dann anziehen lassen und die Früchte damit abglänzen.

Himbeertörtchen

FÜR 8 TÖRTCHEN

Für den Mürbeteig:
75 g kalte Butter
125 g Mehl
40 g Puderzucker
1 Ei
1 Prise Salz

Für die Creme:
1 1/2 Blatt Gelatine
1 Ei
10 g Speisestärke
4 EL Holunderblütensirup
1 EL Zitronensaft
40 g Sahne
30 g Zucker

Zum Garnieren:
200 g Himbeeren
2 EL Pistazien, gehackt

Außerdem:
8 Tortelettförmchen (etwa 8 cm Ø)
Spritzbeutel

Zubereitungszeit: ca. 40 Minuten
Kühlzeit: 6 Stunden
Backzeit: ca. 20 Minuten

1. Für den Mürbeteig alle Zutaten zu einem glatten Teig verkneten. In Klarsichtfolie gewickelt 30 Minuten kalt stellen.

2. Den Backofen auf 180 °C vorheizen. Die Tortelettförmchen mit Butter ausstreichen. Den Teig etwa 3 Millimeter dünn ausrollen, Teigstücke ausschneiden, die etwas größer als die Förmchen sind, und die Förmchen damit auslegen. Gut andrücken und mehrmals mit einer Gabel einstechen. Auf der mittleren Schiene des Backofens in 20 Minuten hell backen. Abkühlen lassen.

3. Für die Creme die Gelatine einweichen (Seite 136) und das Ei trennen. Die Speisestärke mit dem Eigelb glatt rühren. Den Holunderblütensirup mit dem Zitronensaft und der Sahne verrühren und aufkochen.

4. Den Topf vom Herd nehmen, unter ständigem Rühren die Eigelbmischung dazugeben. Gleichmäßig einrühren und nochmals aufkochen. Die Creme vom Herd nehmen und die eingeweichte Gelatine gut ausgedrückt in der Creme auflösen. In eine Schüssel gießen. Das Eiweiß mit dem Zucker zu cremigem Schnee aufschlagen und behutsam unter die noch warme Creme mischen.

5. Die Creme auf die Tortenböden geben und gleichmäßig verstreichen. Die Torteletts mit Frischhaltefolie bedecken und etwa 6 Stunden kühlen.

6. Zum Abschluss die Törtchen gleichmäßig mit den verlesenen Himbeeren belegen und mit kleingehackten Pistazien bestreuen.

ANANASTÖRTCHEN

1. Für den Mürbeteig alle Zutaten zusammenkneten, in Folie wickeln und mindestens 1 Stunde kühlen.

2. Den Backofen auf 200 °C vorheizen. Die Förmchen einfetten. Den Teig etwa 3 Millimeter dünn ausrollen und Teigstücke ausschneiden, die etwas größer als die Förmchen sind, und die Förmchen damit auslegen. Gut andrücken und mehrmals mit einer Gabel einstechen. Auf der mittleren Schiene des Backofens in etwa 25 Minuten ganz hell backen.

3. Für die Creme das Marzipan klein schneiden. Mit Eiweiß, Kirschwasser und Puderzucker zu einer absolut glatten Masse verrühren. Die Gelatine einweichen (Seite 136).

4. Die Milch mit dem Vanillezucker und dem Zucker aufkochen. Die Eigelbe mit der Speisestärke und 1 bis 2 Esslöffeln der heißen Milch verrühren. Unter Rühren in die Milch gießen und aufkochen. Die ausgedrückte Gelatine gut unterrühren. Abkühlen lassen. Die Marzipanmasse in die lauwarme Creme rühren und auf die Törtchenböden geben.

5. Die Ananas schälen, den Strunk entfernen und mit einem Sägemesser in gleichmäßig dünne Scheiben schneiden. Die Törtchen damit belegen. Auf Wunsch mit Tortenguss abglänzen.

INFO

Sie können den Mürbeteig vor dem Belegen auch blindbacken, damit er keine Blasen wirft. Belegen Sie den Teig mit Backpapier und füllen Sie die Förmchen mit getrockneten Hülsenfrüchten. Im vorgeheizten Backofen bei 180 °C etwa 25 Minuten backen. Hülsenfrüchte und Papier entfernen und wie beschrieben weiterarbeiten.

FÜR ETWA 10 STÜCK

Für den Mürbeteig:
100 g Mehl
40 g kalte Butter
25 g Puderzucker
1 Ei
1 Prise Salz

Für die Creme:
70 g Marzipanrohmasse
1 Eiweiß
40 ml Kirschwasser
40 g Puderzucker
3–4 Blatt Gelatine
200 ml Milch
10 g Vanillezucker (Seite 137)
60 g Zucker
2 Eigelb
20 g Speisestärke

Zum Belegen:
1/2 frische reife Ananas
Tortenguss nach Wunsch

Außerdem:
8 Tortelettförmchen (etwa 8 cm Ø)

Zubereitungszeit: ca. 40 Minuten
Kühlzeit: mindestens 1 Stunde
Backzeit: ca. 25 Minuten

ORANGEN-MANDEL-TÖRTCHEN

FÜR 12 BIS 14 STÜCK

Für die Förmchen:
weiche Butter
gehobelte Mandeln

Für die Marzipanmasse:
175 g Marzipanrohmasse
2 kleine Eier (Größe S)
75 g Butter
2 EL Zucker
abgeriebene Schale von 1 unbehandelten Orange
1 Prise Salz
2 TL Grand Marnier
2 EL Mehl Type 550

Zum Einlegen:
12 bis 14 in Stücke geschnittene Orangenfilets

Zum Garnieren:
Orangen- oder Zitronenzesten

Außerdem:
Brioche- oder Muffinförmchen (3 cm hoch)
Spritzbeutel mit großer Lochtülle

Zubereitungszeit: ca. 35 Minuten
Backzeit: ca. 20 Minuten

1. Die Brioche- oder Muffinförmchen einfetten und mit gehobelten Mandeln ausstreuen.

2. Für die Marzipanmasse das Marzipan in kleine Stücke schneiden und mit den Eiern glatt kneten.

3. Butter, Zucker, Orangenschale und Salz schaumig schlagen. Nach und nach den Grand Marnier zugeben. Die schaumige Butter unter die Marzipanmasse rühren. Das Mehl zusieben und einrühren.

4. Den Backofen auf 170 °C vorheizen. Ein Drittel der Marzipanmasse mit dem Spritzbeutel in die vorbereiteten Förmchen geben. Die Orangenfilets auflegen und die Förmchen mit der restlichen Masse füllen. Auf der mittleren Schiene des Backofens etwa 20 Minuten backen. Anschließend auf ein Kuchengitter stürzen und in den Förmchen auskühlen lassen. Vor dem Servieren mit den Zesten garnieren.

Heinemann-Tipp
Sie können Geschmacksvariationen erzielen, indem Sie die Orangenfilets durch Aprikosenstücke, frische Datteln, Feigen oder gebundene Kirschen (Seite 55) ersetzen. Aber auch ganz ohne Fruchtfüllung schmecken sie sehr gut.

RAHMTÖRTCHEN

FÜR ETWA 15 BIS 18 STÜCK

Für die Füllung:
160 g Marzipanrohmasse
90 g Zucker
1 Prise Salz
Mark von 1/2 Vanilleschote
8 Eigelb
1 Ei
300 g Sahne
45 g Mehl Type 550

Für den Blätterteig:
400 g Blätterteig (Seite 50)

Für die Glasur:
200 g Fondant
20 g Butter
etwas Wasser oder Rum

Außerdem:
Brioche-Förmchen (3 cm hoch)
Spritzbeutel mit großer Lochtülle

Zubereitungszeit: ca. 45 Minuten
Kühlzeit: über Nacht
Backzeit: ca. 25 Minuten

1. Am Vortag für die Füllung das Marzipan zerkleinern. Mit Zucker, Salz und Vanillemark verkneten. Die Eigelbe und das Ei verquirlen und nach und nach unter die Marzipanmasse arbeiten. Zum Schluss die Sahne und das gesiebte Mehl zugeben. Die Masse darf auf keinen Fall schaumig werden, da sonst schlechte Backergebnisse erzielt werden. Die fertige Masse über Nacht kalt stellen.

2. Die Förmchen mit Wasser ausspülen. Den Blätterteig auf eine Stärke von 3 Millimeter ausrollen, Teigstücke ausschneiden, die etwas größer als die Förmchen sind, und die Förmchen damit auslegen. Der Teig sollte etwas über den Rand stehen, da er sich beim Backen zusammenzieht. Die ausgekleideten Förmchen kalt stellen.

3. Den Backofen auf 230 °C vorheizen. Die kalte Marzipanmasse in den Spritzbeutel geben und die Förmchen zu drei Viertel damit füllen. Die Törtchen auf den Backrost stellen und auf die mittlere Schiene des Backofens schieben. Die Temperatur auf 180 °C reduzieren und in etwa 25 Minuten hellbraun backen. Anschließend auf ein Kuchengitter stürzen und in den Förmchen auskühlen lassen.

4. Für die Glasur den Fondant vorsichtig erwärmen, mit der Butter verrühren und mit etwas Wasser oder Rum so verdünnen, bis eine streichfähige, nicht zu flüssige Konsistenz erreicht ist. Kurz vor dem Servieren die Törtchen aus den Formen nehmen und mit der Glasur bestreichen.

SCHAUMTÖRTCHEN

1. Für den Mürbeteig alle genannten Zutaten zu einem Teig verkneten. Kalt stellen.

2. Die Torteletttförmchen mit Butter ausstreichen. Den Backofen auf 160 °C vorheizen. Den Teig etwa 3 Millimeter dick ausrollen, Teigstücke etwas größer als die Förmchen ausschneiden, in die Förmchen legen und leicht andrücken. Überstehenden Teig abschneiden. Den Teig gut an die Wandungen drücken und mehrmals mit einer Gabel einstechen. Auf der mittleren Schiene des Backofens in etwa 12 Minuten hell backen. Abkühlen lassen.

3. Die Backofentemperatur auf 180 °C erhöhen. Für die Mandelmasse das Marzipan zerkleinern und zusammen mit Ei, Eigelb und Butter cremig rühren. Weiter rühren und dabei zuerst den Puderzucker, dann das Mehl dazugeben.

4. Die Masse in den Spritzbeutel füllen und in die Törtchenformen geben. Auf der mittleren Schiene im heißen Ofen etwa 20 Minuten backen. Anschließend abkühlen lassen.

5. Für die Schaummasse die Eiweiße mit dem Zucker zu einem festen Eischnee schlagen. In den Spritzbeutel geben und auf die Törtchen spritzen. Den Grill einschalten und die höchste Temperatur einstellen. Die Törtchen auf ein Gitter setzen und unter dem Grill kurz überbräunen. Vorsicht: Das Überbräunen geht sehr schnell!

6. Zum Abschluss die Törtchen mit etwas Puderzucker bestreuen, die Früchte zerkleinern und in die Mitte der Törtchen geben. Eventuell dünn mit Tortenguss überziehen.

FÜR ETWA 8 STÜCK

Für den Mürbeteig:
75 g kalte Butter
125 g Mehl
40 g geriebene Walnüsse
50 g Zucker
1 Ei

Für die Mandelmasse:
150 g Marzipanrohmasse
1 Ei
1 Eigelb
150 g Butter
75 g Puderzucker
75 g Mehl

Für die Schaummasse:
3 Eiweiß
80 g Zucker

Zum Garnieren:
25 g Puderzucker
200 g Beeren der Saison
Tortenguss nach Wunsch

Außerdem:
8 Torteletttförmchen (etwa 8 cm Ø)
Butter für die Formen
Spritzbeutel mit großer glatter Tülle

Zubereitungszeit: ca. 45 Minuten
Backzeit: ca. 32 Minuten

SCHOKOTÖRTCHEN

FÜR 8 STÜCK

Für den Schokoteig:
3 Eier
125 g weiche Butter
60 g Puderzucker
150 g helle Kuvertüre
50 g Zucker
125 g Mehl

Für die Glasur:
100 g Zucker
200 g weiße Kuvertüre

Außerdem:
8 Tortelettförmchen (etwa 8 cm Ø)

Zubereitungszeit: ca. 35 Minuten
Backzeit: ca. 20 Minuten

1. Die Förmchen mit Butter ausstreichen und mit Mehl auspudern.

2. Für den Schokoteig die Eier trennen. Die Butter mit dem Puderzucker cremig rühren. Die Kuvertüre fein hacken und 2 Esslöffel davon zur Seite stellen, den Rest im Wasserbad auflösen und unter die Butter-Zucker-Mischung rühren. Dann nach und nach die Eigelb hinzufügen und die Masse schaumig rühren.

3. Den Backofen auf 170 °C vorheizen. Die Eiweiße mit dem Zucker zu festem Schnee schlagen. Die verbliebene gehackte Kuvertüre mit dem Mehl mischen und unter die Schokobuttermasse rühren, dann den Eischnee unterheben. Den Teig in die Förmchen geben und auf der mittleren Schiene des Backofens etwa 20 Minuten backen. Anschließend die Förmchen stürzen und auskühlen lassen.

4. Für die Glasur den Zucker mit 100 Milliliter Wasser aufkochen. Die Kuvertüre klein hacken und zugeben. Unter ständigem Rühren dickflüssig einkochen und die Törtchen damit überziehen.

Heinemann-Tipp
Wenn Sie möchten, können Sie im Teig statt der hellen Kuvertüre auch dunkle verwenden und so schöne Hell-Dunkel-Kontraste setzen.

KAISER-TÖRTCHEN

FÜR ETWA 15 STÜCK

Für den Mürbeteig:
120 g kalte Butter
60 g Puderzucker
1 Prise Salz
Mark von 1/2 Vanilleschote
2 Eigelb
180 g Mehl Type 550

Für die Füllung:
120 g Butter
100 g Zucker
4 Eigelb
80 g gemahlene Mandeln
Mark von 1/2 Vanilleschote
1 Prise Salz

Zum Bestreuen:
40 g gehobelte Mandeln

Außerdem:
Brioche- oder Kleinbackförmchen (3 cm hoch)
Spritzbeutel mit großer Lochtülle

Zubereitungszeit: ca. 35 Minuten
Kühlzeit: möglichst über Nacht
Backzeit: ca. 30 Minuten

1. Für den Mürbeteig alle Zutaten bis auf das Mehl rasch zu einer glatten Masse verkneten. Dann das Mehl unterarbeiten. Den Teig in Folie wickeln und kühl stellen, am besten über Nacht, dann lässt er sich besser weiterverarbeiten.

2. Den Mürbeteig etwa 5 Millimeter dick ausrollen und Teigstücke ausschneiden, die etwas größer als die Backförmchen sind. Die Teigplatten in die Förmchen legen und leicht andrücken. (Der Teig darf an keiner Stelle reißen, da sonst die Füllung ausläuft.)

3. Den Backofen auf 175 °C vorheizen. Alle Zutaten für die Füllung miteinander verrühren und in den Spritzbeutel füllen.

4. Die Förmchen zu drei Viertel mit der Masse füllen, mit den gehobelten Mandeln bestreuen und auf einen Backrost stellen. Auf der mittleren Schiene des Backofens 30 Minuten backen. Die Törtchen stürzen und in der Form auskühlen lassen.

REISTÖRTCHEN

1. Für den Mürbeteig alle Zutaten bis auf das Mehl rasch zu einer glatten Masse verkneten. Dann das Mehl unterarbeiten. Den Teig in Folie wickeln und kühl stellen, am besten über Nacht, dann lässt er sich besser weiterverarbeiten.

2. Den Mürbeteig etwa 5 Millimeter dick ausrollen und Teigstücke ausschneiden, die etwas größer als die Backförmchen sind. Die Teigplatten in die Förmchen legen und leicht andrücken. (Der Teig darf an keiner Stelle reißen, da sonst die Füllung ausläuft.)

3. Für die Füllung den Backofen auf 200 °C vorheizen. Den Reis in Wasser kurz blanchieren und gut abtropfen lassen. Die Milch in einer Kasserolle zum Kochen bringen, den Reis hinzugeben und zugedeckt in der Kasserolle auf einem Rost in den Backofen geben und den Milchreis in etwa 35 Minuten fertig garen.

4. Die Eier trennen. 25 Gramm Zucker, Butter, Salz und Vanillemark schaumig rühren. Nach und nach die Eigelbe und die Speisestärke unterrühren. Diese Masse unter den noch warmen Reis ziehen.

5. Den Backofen erneut auf 200 °C vorheizen. Ein Backblech mit Backpapier auslegen. Die Eiweiße zusammen mit dem restlichen Zucker zu festem Schnee schlagen, dann die Milchreismischung unterheben. Die Mürbeteigförmchen auf das Backblech geben, die Milchreisfüllung gleichmäßig in den Törtchen verteilen und auf der mittleren Schiene des Backofens etwa 15 Minuten backen.

6. Das Ei zum Bestreichen verquirlen. Nach 10 bis 12 Minuten Backzeit die Oberfläche dünn mit Eigelb bestreichen. Nach dem Backen die Milchreistörtchen auskühlen lassen und aus der Form lösen.

FÜR ETWA 15 STÜCK

Für den Mürbeteig:
120 g kalte Butter
60 g Puderzucker
1 Prise Salz
Mark von 1/2 Vanilleschote
2 Eigelb
180 g Mehl Type 550

Für die Füllung:
50 g Reis
1/2 l Milch
3 Eier
50 g Zucker
50 g Butter
1 Prise Salz
Mark von 1/2 Vanilleschote
50 g Speisestärke

Zum Bestreichen:
1 Ei

Außerdem:
Brioche- oder Kleinbackförmchen:
3 cm hoch

Zubereitungszeit: ca. 1 Stunde
Kühlzeit: möglichst über Nacht
Backzeit: ca. 15 Minuten

MAKRONENTÖRTCHEN

FÜR ETWA 15 STÜCK

Für den Mürbeteig:
120 g kalte Butter
60 g Puderzucker
1 Prise Salz
Mark von 1/2 Vanilleschote
2 Eigelb
180 g Mehl Type 550

Für die Füllung:
300 g Marzipanrohmasse
50 g Zucker
3 Eigelb
50 ml Mandellikör

Zum Verzieren:
60 g ganze geschälte Mandeln

Außerdem:
Brioche- oder Kleinbackförmchen (3 cm hoch)
Spritzbeutel mit großer Lochtülle

Zubereitungszeit: ca. 40 Minuten
Kühlzeit: möglichst über Nacht
Backzeit: ca. 30 Minuten

1. Für den Mürbeteig alle Zutaten bis auf das Mehl zu einer glatten Masse verkneten. Dann das Mehl unterarbeiten. Den Teig in Folie wickeln und kühl stellen, am besten über Nacht, dann lässt er sich besser weiter verarbeiten.

2. Den Mürbeteig etwa 5 Millimeter dick ausrollen und Teigstücke ausschneiden, die etwas größer als die Backförmchen sind. Die Teigplatten in die Förmchen legen und leicht andrücken.

3. Den Backofen auf 200 °C vorheizen. Für die Füllung das Marzipan klein schneiden, mit allen Zutaten für die Füllung mischen und glatt rühren. Die Masse in den Spritzbeutel füllen und die Förmchen kuppelförmig zu drei Vierteln damit füllen. (Die Makronenmasse ist sehr zäh, füllen Sie deshalb immer nur kleine Mengen in den Spritzbeutel. So geht es einfacher.)

4. Die Makronentörtchen mit je vier Mandeln verzieren, auf einen Rost stellen und auf der mittleren Schiene des Backofens etwa 30 Minuten backen. Anschließend stürzen und in den Förmchen auskühlen lassen.

Heinemann-Tipp
Die Törtchen schmecken besonders gut, wenn Sie sie nach dem Backen dünn mit Aprikosenkonfitüre bestreichen und mit gehackten Pistazien bestreuen. Oder beträufeln Sie die Makronentörtchen nach dem Backen mit etwas Amarettolikör.

LINZER SCHNITTEN

1. Die Zubereitung des Mürbeteigs ist die gleiche wie beim Kaiser-Törtchen (Seite 86, Zubereitungsschritt 1).

2. Den Mürbeteig auf einer bemehlten Arbeitsfläche 2 bis 3 Millimeter dünn zu einem etwa 30 x 30 Zentimeter großen Quadrat ausrollen. Anschließend den Teig in 8 Bahnen von je 3 bis 4 Zentimeter Breite schneiden. Den Backofen auf 180 °C vorheizen. Ein Backblech mit Backpapier belegen.

3. Die Zutaten für die Makronenmasse mit der Küchenmaschine oder dem Handrührgerät mit Knethaken cremig rühren. Die Masse in den Spritzbeutel füllen und auf die Außenränder von 4 Mürbeteigbahnen je einen Streifen Makronenmasse aufspritzen – das sind dann beim fertigen Gebäck die »Schienen«. Alle Teigbahnen auf das Blech legen und auf der mittleren Schiene des Backofens 15 bis 20 Minuten backen. Auf dem Blech abkühlen lassen.

4. Die Himbeerkonfitüre aufkochen. Die Teigbahnen ohne Makronenmasse dünn mit der Himbeerkonfitüre bestreichen. Dann die Teigbahnen mit der Makronenmasse darauf setzen.

5. Die restliche Himbeerkonfitüre in einen Spritzbeutel geben und zwischen die Makronenbahnen spritzen. Abkühlen lassen und mit einem leicht angefeuchteten Messer in handliche kleine Schnitten schneiden.

INFO

Die Linzer Schnitten werden gerne auch als »Eisenbahner« bezeichnet – das liegt an ihrer Form, die an die Schienenstücke von Modelleisenbahnen erinnert.
Dieses Rezept ist für alle, die keine Tortelettförmchen haben oder einfach eine andere Form der Makronentörtchen ausprobieren möchten.

FÜR ETWA 30 STÜCK

Für den Mürbeteig:
- 170 g kalte Butter
- 100 g Puderzucker
- 1 Prise Salz
- 1 TL Vanillezucker (Seite 137)
- 1 Eigelb
- 250 g Mehl

Für die Makronenmasse:
- 200 g Marzipanrohmasse
- 20 g weiche Butter
- 20 g Puderzucker
- 1 Eiweiß
- abgeriebene Schale von 1 unbehandelten Orange
- 300 g möglichst feste Himbeerkonfitüre

Außerdem:
- Spritzbeutel mit kleiner Sterntülle

Zubereitungszeit: ca. 40 Minuten

Backzeit: ca. 20 Minuten

NUSS-SCHNITTEN

FÜR ETWA 50 KLEINE SCHNITTEN

Für den Biskuit:
4 Eier
60 g Zucker
30 g Mehl
30 g Speisestärke

Für die Füllung:
1/8 l Milch
60 g Zucker
15 g Vanillepuddingpulver
1 EL Rum
1 EL Vanillezucker (Seite 137)
40 g gemahlene Walnüsse
125 g Sahne

Für den Mantel:
350 g Marzipanrohmasse
2 EL Puderzucker

Zum Bestreichen:
Aprikosenkonfitüre

Außerdem:
Dessertkapseln

Zubereitungszeit:
ca. 50 Minuten

Backzeit:
ca. 10 Minuten

1. Den Backofen auf 200 °C vorheizen. Ein Backblech mit Backpapier auslegen.

2. Für den Biskuit die Eier trennen. Die Eiweiße mit dem Zucker zu festem Schnee schlagen. Eigelb, Mehl und Speisestärke vorsichtig unterheben. Eine 30 x 32 Zentimeter große Teigplatte auf das Backpapier aufstreichen. Auf der mittleren Schiene des Backofens ca. 10 Minuten backen. Dann den Biskuit vom Papier lösen und in 2 Teile zu je 16 x 30 Zentimetern schneiden.

3. Für die Füllung zwei Drittel der Milch mit dem Zucker aufkochen. Die restliche kalte Milch mit dem Puddingpulver glatt rühren und in die kochende Milch rühren, nochmals aufkochen und dann kalt werden lassen.

4. Den Rum, den Vanillezucker und die Walnüsse in den Pudding rühren. Die Sahne steif schlagen und gleichmäßig unterheben.

5. Die Creme auf ein Biskuitteil streichen. Die zweite Biskuithälfte darauflegen und einige Stunden tiefkühlen.

6. Die Aprikosenkonfitüre durch ein Sieb passieren und den gefüllten Biskuitteig dünn damit bestreichen. Dann der Länge nach in vier gleich große Streifen schneiden.

7. Das Marzipan für den Mantel auf einer mit Puderzucker bestaubten Unterlage dünn ausrollen. Die 4 Streifen damit umhüllen. Dann jeden Streifen in etwa 2,5 Zentimeter breite Schnitten schneiden. In Papierförmchen servieren.

VARIANTE

Kirsch- oder Aprikosenschnitten können Sie zubereiten, indem Sie bei der Füllung den Zucker weglassen und dafür 120 Gramm Kirschgelee oder 120 Gramm Aprikosenkonfitüre unterheben.

Heinemann-Tipp
Außerdem können Sie das das Marzipan auch mit Lebensmittelfarbe einfärben, zum Beispiel in rosa! Temperieren Sie als krönenden Abschluss ein wenig dunkle Kuvertüre (Seite 137), füllen Sie die Kuvertüre in einen Spritzbeutel mit kleiner Tülle, spritzen Sie gitterförmig Streifen auf die Schnittchen und legen Sie auf jedes Schnittchen eine kandierte Kirsche.

VANILLESCHNITTEN

FÜR 10 STÜCK

Für die Blätterteigböden:
ca. 500 g Blätterteig (Rezept Seite 50)

Für die Vanillecreme:
1/2 l Milch
150 g Sahne
80 g Zucker
1 Prise Salz
1 Vanilleschote
40 g Speisestärke
2 Eigelb

Für die Glasur:
30 g Aprikosenkonfitüre
40 g Fondant
10 g Butter
etwas Wasser oder Rum

Außerdem:
Metallrahmen für Kuchen, verstellbar

Zubereitungszeit:
ca. 40 Minuten

Backzeit:
ca. 15 bis 20 Minuten

1. Den Backofen auf 240 °C vorheizen. Ein Backblech mit Backpapier belegen. Den Blätterteig in drei gleich große rechteckige Teigböden (8 x 30 Zentimeter) von etwa 3 Millimeter Dicke ausrollen, auf das Backblech legen und auf der mittleren Schiene des Backofens etwa 5 Minuten anbacken. Danach den Backofen auf 190 °C herunterschalten und die Böden so lange backen, bis sie eine schöne braune Farbe erhalten.

2. Für die Vanillecreme 400 Milliliter Milch, Sahne, Zucker, Salz und die aufgeschnittene Vanilleschote zusammen kurz aufkochen, dann abkühlen lassen. Wenn die Milch etwa 60 bis 70 °C kühl ist, die Vanilleschoten herausnehmen, das Mark herausschaben und in die Milch geben.

3. Die restlichen 100 Milliliter Milch, Stärke und die Eigelbe glatt rühren und zur Vanillemilch geben. Sofort mit einem Schneebesen verrühren. Unter Rühren die Creme noch einmal erhitzen und zur Rose abziehen (Seite 137).

4. Die fertigen Blätterteigböden vorsichtig auf gleiche Größe zurechtschneiden. Um den ersten Boden einen Metallrahmen stellen und die Hälfte der noch heißen Vanillecreme darauf verstreichen.

5. Den zweiten Boden auflegen und leicht, aber gleichmäßig andrücken. Die restliche Creme darauf verteilen. Sobald diese Schicht erkaltet ist, den dritten Boden mit der Unterseite nach oben auflegen.

6. Für die Glasur die Aprikosenkonfitüre erwärmen, bis sie streichfähig ist und mit einem Pinsel den zuoberst aufliegenden Blätterteigboden dünn damit bestreichen. Eine halbe Stunde fest werden lassen.

7. Den Fondant mit der Butter erwärmen, dann mit Wasser oder Rum zu einer streichfähigen Masse verrühren und mit einer Palette oder einem Messer auf dem zuoberst liegenden Blätterteigboden verteilen. Erkalten lassen.

8. Mit einem geraden, etwas angefeuchteten Messer die Schnitte am Rand aus dem Rahmen lösen und mit einem großen Sägemesser in 10 gleich große Stücke schneiden.

INFO

Auf Seite 72 ist dieses köstliche Gebäck abgebildet.

FLORENTINER SCHNITTEN

FÜR ETWA 30 STÜCK

Für den Mürbeteig:
250 g Mehl
1 TL Backpulver
180 g kalte Butter
1 TL Vanillezucker (Seite 137)
abgeriebene Schale von 1/2 unbehandelten Zitrone
1 Ei

Für den Belag:
50 g kandierte Kirschen
60 g Sahne
50 g Butter
2 EL Honig
150 g Zucker
150 g gehobelte Mandeln
80 g gewürfeltes Orangeat

Für den Überzug:
150 g dunkle Kuvertüre

Zubereitungszeit: ca. 40 Minuten
Backzeit: ca. 20 Minuten

1. Den Backofen auf 160 °C vorheizen. Ein Backblech mit Butter einfetten. Für den Mürbeteig Mehl und Backpulver sieben, dann mit den übrigen Zutaten verkneten. Den Teig auf einer bemehlten Arbeitsfläche 4 Millimeter dick ausrollen. Auf das Backblech legen und auf der mittleren Schiene des Backofens 10 Minuten vorbacken.

2. Währenddessen für den Belag die Kirschen grob hacken. Sahne, Butter, Honig und Zucker aufkochen. Mandeln und Orangeat einrühren und noch einmal aufkochen. Die kandierten Kirschen hinzufügen und verrühren.

3. Die Backofentemperatur auf 180 °C erhöhen. Den Belag gleichmäßig auf den vorgebackenen Teig streichen und erneut 10 Minuten backen. Nach dem Abkühlen in gleichmäßige Schnittchen teilen.

4. Die Kuvertüre für den Überzug temperieren (Seite 137). Die Enden der Schnitten in die temperierte Kuvertüre tauchen. Auf einem Kuchengitter abtropfen und trocknen lassen.

IRISH-CREAM-TÜRMCHEN

FÜR ETWA 40 STÜCK

Für den Biskuit:
3 Eier
100 g Zucker
1 TL Vanillezucker (Seite 137)
1 Prise Salz
50 g Mehl
50 g Speisestärke

Für die Creme:
3 Blatt Gelatine
250 g Sahne
50 g Mascarpone
1 TL Vanillezucker (Seite 137)
50 ml Irischer Whiskey
3 EL Espresso (stark)
3 Eiweiß
70 g Zucker

Zum Garnieren:
30 g Kuvertüre oder Schokolade

Außerdem:
Backförmchen (6 cm Ø, Höhe 6 cm)
Alufolie

Zubereitungszeit: ca. 50 Minuten
Kühlzeit: ca. 8 Stunden
Backzeit: ca. 10 Minuten

1. Für den Biskuit die Eier, den Zucker, den Vanillezucker und das Salz im Wasserbad cremig aufschlagen. Aus dem Wasserbad nehmen und weiter schlagen, bis die Masse abgekühlt ist. Dann Mehl und Speisestärke unterheben.

2. Den Backofen auf 200 °C vorheizen. Ein Backblech mit Backpapier auslegen. Den Biskuitteig etwa 1,5 Zentimeter dick auf das Backblech streichen und etwa 10 Minuten auf der mittleren Schiene backen.

3. Ein weiteres Blatt Backpapier mit Zucker bestreuen. Den gebackenen Teig sofort auf das mit Zucker bestreute Backpapier stürzen. Das obere Backpapier vorsichtig abziehen und den Biskuitteig auskühlen lassen.

4. Aus dem Biskuitteig Scheiben von etwa 6 Zentimeter Durchmesser ausstechen. Die Backförmchen glatt mit Alufolie auslegen und die Biskuitscheiben einlegen.

5. Für die Creme die Gelatine einweichen (Seite 136). Die Sahne halbfest schlagen und kalt stellen. Mascarpone und Vanillezucker verrühren. Whiskey und Espresso mischen und erwärmen. Die eingeweichte Gelatine ausdrücken und darin auflösen.

6. Die Eiweiße mit dem Zucker zu festem Eischnee schlagen. Nacheinander Mascarpone, Espresso-Whiskey-Mischung und die halbfeste Schlagsahne unterheben. Bis zum Rand in die Förmchen einfüllen und 8 Stunden kühl stellen.

7. Die Förmchen kurz in heißes Wasser tauchen und dann stürzen. Die Alufolie abziehen. Schokolade oder Kuvertüre mit dem Messer zu Spänen schaben und auf die Türmchen streuen.

SCHWEIZER-PETITS-FOURS

FÜR ETWA 50 STÜCK

Für den Teig:
175 g Marzipanrohmasse
2 Eier
75 g Butter
40 g Zucker
abgeriebene Schale von 1 unbehandelten Orange
1 Prise Salz
2 TL Grand Marnier
2 EL Mehl Type 550

Für die Buttercreme:
2 Eier
60 g feiner Zucker
1 Prise Salz
300 g weiche Butter

Für die Zitronenbuttercreme:
1 EL Zitronensaft
2 TL Zucker
50 g gehobelte, geröstete Mandeln

Für die Orangenbuttercreme:
2 EL Orangensaft
1 TL Zucker
50 g kandierte Orangenschale

Für die Likörbuttercreme:
2 TL Orangenlikör
50 g kandierte Ananasstückchen

Garnierung:
100 g Fondant
5 g Butter
etwas Wasser oder Rum

Außerdem:
ca. 50 Stück Alu-Pralinenkapseln
Spritzbeutel mit glatter Tülle

Zubereitungszeit: ca. 50 Minuten
Backzeit: ca. 14 Minuten

1. Für den Teig das Marzipan in Stücke schneiden und mit den Eiern schaumig rühren. Butter, Zucker, die Orangenschale, Salz und Grand Marnier gut verrühren und leicht schaumig schlagen. Beide Massen vorsichtig miteinander vermischen, dabei das Mehl unterziehen.

2. Den Backofen auf 160 °C vorheizen. Den Teig in den Spritzbeutel geben und die Pralinenkapseln bis knapp unter den Rand füllen. Auf der mittleren Schiene des Backofens 12 bis 14 Minuten backen.

3. Für die Buttercreme Eier, Zucker und Salz im Wasserbad aufschlagen. Wenn die Masse etwa handwarm ist, aus dem Wasserbad nehmen und kalt schlagen.

4. Die Butter so lange schlagen, bis sie weiß und sahnig ist (ca. 15 Minuten). Dann sehr vorsichtig unter die Eimasse ziehen.

5. Für die Zitronenbuttercreme und die Orangenbuttercreme die Säfte jeweils mit dem Zucker kurz erhitzen, dann ganz abkühlen lassen. Anschließend mit je 100 Gramm der Buttercreme vermengen. Für die Likörbuttercreme den Likör in die verbliebene Buttercreme rühren.

6. Die kandierten Früchte für die Dekoration in kleine Stückchen oder feine Streifchen schneiden.

7. Die verschiedenen Cremes jeweils in einen Spritzbeutel füllen und auf jede gebackene Fourkapsel einen zwiebelturmähnlichen Kegel dressieren. Die Zitronenbuttercreme-Fours mit den Mandelblättchen bestreuen.

8. Für die Orangenbuttercreme- und die Likörbuttercreme-Fours den Fondant im Wasserbad erwärmen, mit der Butter verrühren und mit etwas Wasser oder Rum verflüssigen. Die Cremekegel eintauchen und mit den kandierten Früchten verzieren. Die Schweizer Fours bleiben bis zum Verzehr in den Alukapseln.

RÜBLIKÜCHLEIN

FÜR ETWA 15 STÜCK

400 g Möhren (Rübli)
6 Eier
1 Prise Salz
200 g Zucker
10 g Vanillezucker (Seite 137)
abgeriebene Schale von 1 unbehandelten Zitrone
75 g Butter
400 g gemahlene Haselnüsse
50 g Mehl
50 g Speisestärke

Außerdem:
Fett für die Formen
Kuchenförmchen (8 cm Ø)

Zubereitungszeit: ca. 50 Minuten
Backzeit: ca. 50 Minuten
Kühlzeit: ca. 1 Stunde

1. Die Möhren schälen und fein raspeln. Eier mit Salz, Zucker, Vanillezucker und der Zitronenschale im Wasserbad auf etwa 70 °C erhitzen und schaumig rühren. Vom Herd ziehen und weiterrühren, bis sie abgekühlt ist.

2. Die Butter schmelzen und leicht abkühlen lassen. Haselnüsse mit Mehl und Speisestärke mischen und die Butter unterrühren. Die Möhren unterheben und alles mit der Ei-Zucker-Masse vermischen.

3. Den Backofen auf 180 °C Umluft vorheizen. Die Förmchen einfetten. Den Möhrenteig in die Kuchenförmchen füllen und gleichmäßig verstreichen. Auf der mittleren Schiene des Backofens etwa 50 Minuten backen. Aus dem Backofen nehmen, auf das Backpapier stürzen und 1 Stunde in der Form auskühlen lassen.

Heinemann-Tipp
Rübli ist die schweizerische Bezeichnung für Möhren. Wenn die Rübliküchlein noch hübscher aussehen und noch intensiver schmecken sollen, bestreichen Sie die Küchlein nach dem Backen dünn mit Aprikosenkonfitüre. Oder glasieren Sie sie mit Fondant und bestreuen Sie sie anschließend mit Möhrenraspeln. Färben Sie als krönenden Abschluss Marzipan mit Lebensmittelfarbe (Farbton: Lachs), rollen Sie es aus und stechen oder schneiden Sie Formen Ihrer Wahl aus!

KNUSPRIGE HIPPEN

1. Das Marzipan in Stücke schneiden und mit dem Eiweiß glatt verkneten. Puderzucker mit dem Mehl versieben, Salz dazugeben, mit der Marzipanmasse gut vermengen und mit der Milch streichfähig machen. Abdecken und über Nacht kühl stellen.

2. Den Backofen auf 190 °C vorheizen. Ein Backblech einfetten und mit Backpapier belegen. Die Masse auf Wunsch schon jetzt in die gewünschte Form bringen (z. B. Kreise aufzeichnen und mit Teig bestreichen) oder auf dem Backblech hauchdünn ausrollen. Auf der mittleren Schiene des Backofens in 5 bis 10 Minuten gold-gelb backen.

INFO

Das Beste dabei: Nicht nur vor dem Backen, sondern auch direkt nach dem Backen können Sie die warme Hippenmasse in jede gewünschte Form bringen! Hippenmasse lässt sich sehr vielfältig verwenden. Drücken Sie den Teig zum Beispiel nach dem Backen in Tassen, um essbare Eis- oder Dessertbecher zu erstellen. Scheiben können als Unterlage oder als Dekoration für Törtchen und Schnittchen verwendet werden. Doch auch ausgefallene Formen sind möglich. Mit Kakaopulver oder mit Lebensmittelfarben können Sie sogar die Farbe verändern! Lassen Sie Ihrer Fantasie einfach freien Lauf!

ZUM DEKORIEREN

300 g Marzipanrohmasse
5 Eiweiß
225 g Puderzucker
150 g Mehl
1 Prise Salz
100 ml Milch
Fett für das Blech

Zubereitungszeit:
ca. 20 Minuten

Kühlzeit:
über Nacht

Backzeit:
ca. 10 Minuten

FRÜCHTEOMELETTS

FÜR 5 STÜCK

Für die Omelettmasse:
5 Eier
75 g Zucker
3 EL Mehl Type 550
30 g Speisestärke

Für die Füllung:
1/2 Vanilleschote
500 g Erdbeeren oder Himbeeren
3 Blatt Gelatine
2 Eigelb
30 g Zucker
350 g Sahne

Zum Verzieren:
etwas Puderzucker

Außerdem:
Spritzbeutel mit großer Lochtülle

Zubereitungszeit: ca. 40 Minuten
Backzeit: ca. 12 Minuten
Kühlzeit: ca. 1 Stunde

1. Für die Omelettmasse die Eier trennen. Die Eigelbe schaumig rühren. Eiweiß und Zucker zu cremigem Schnee aufschlagen. Ein Drittel des Eischnees mit der Eigelbmasse vorsichtig vermengen. Das Mehl mit der Stärke mischen, sieben und mit dem restlichen Eischnee sehr vorsichtig unter die Eigelbmasse mischen.

2. Den Backofen auf 180 °C vorheizen. Ein Backblech mit Backpapier auslegen. Die Omelettmasse in den Spritzbeutel füllen. Auf das Backblech 10 bis 12 ovale Omeletts von 7 x 12 Zentimeter Größe spritzen. Auf der mittleren Schiene des Backofens 10 bis 12 Minuten backen.

3. Für die Füllung die Vanilleschote aufschlitzen und das Mark herauskratzen. Die Beeren putzen, die Erdbeeren je nach Größe halbieren oder vierteln.

4. Die Gelatine einweichen (Seite 136). Eigelb, Zucker und Vanillemark verrühren. Die Sahne locker aufschlagen. Die Gelatine ausdrücken, in wenig heißem Wasser glatt auflösen und mit einem kleinen Teil der Sahne unter die Eigelbmasse rühren. Dann den Rest der Sahne vorsichtig unterziehen.

5. Die abgekühlten Omeletts vom Backpapier ziehen. Die Vanillesahnecreme in den Spritzbeutel geben und auf die Hälfte der Omeletts spritzen. Die Früchte gleichmäßig darauf verteilen. Ein paar Tupfer Sahne aufsetzen, die restlichen Omeletts auflegen und leicht andrücken. Etwa 1 Stunde kühlen.

6. Kurz vor dem Servieren die Omeletts mit Puderzucker bestäuben.

SAFTIGE PUNSCHRINGE MIT SOMMERFRÜCHTEN

FÜR ETWA 10 STÜCK

Für den Hefeteig:

80 ml lauwarme Milch
15 g Hefe
150 g Mehl
60 g Butter
30 g Zucker
50 g Eigelb
abgeriebene Schale von 1 unbehandelten Zitrone
1 TL Vanillezucker (Seite 137)
1 Prise Salz

Für die Tränke:

100 g Aprikosenkonfitüre
100 ml Apfelsaft
100 ml Weißwein
50 g Zucker
1 EL Zitronensaft
1 EL Rum
abgeriebene Schale von 1/2 unbehandelten Zitrone

Für die Vanillecreme:

1 Vanilleschote
200 ml Milch
50 g Sahne
30 g Zucker
1 Prise Salz
15 g Speisestärke
1 Eigelb

Für den Belag:

500 g frische Früchte (Himbeeren, Johannisbeeren, Kiwis oder Melone)
300 g fertiger Tortenguss
200 ml heller Fruchtsaft oder Weißwein
100 g Zucker

Außerdem:

10 kleine Savarinförmchen (7,5 cm Ø)
Spritzbeutel mit großer Tülle

Zubereitungszeit: ca. 70 Minuten

Backzeit: ca. 14 Minuten

1. Für den Hefeteig 50 Milliliter Milch leicht erwärmen und mit der Hefe und 50 Gramm Mehl vermischen. 15 Minuten gehen lassen. Die Savarinförmchen einfetten und mit Mehl bestauben.

2. Butter, Zucker, Eigelb, Zitronenschale, Vanillezucker und Salz schaumig rühren. Mit dem restlichen Mehl, der restlichen Milch und dem Hefeansatz verkneten. Den Teig in einen Spritzbeutel füllen und in die Savarinförmchen spritzen. An einem warmen Ort abgedeckt gehen lassen, bis sich der Inhalt verdoppelt hat.

3. Den Backofen auf 180 °C vorheizen. Die Förmchen auf den Backrost stellen und die Savarins auf der mittleren Schiene etwa 14 Minuten backen. Anschließend stürzen.

4. Währenddessen die Aprikosenkonfitüre erwärmen. Die restlichen Zutaten für die Tränke miteinander verrühren. Die noch warmen Savarins kurz eintauchen und mit der warmen Konfitüre bestreichen.

5. Für die Vanillecreme die Vanilleschote aufschlitzen und das Mark herauskratzen. 150 Milliliter Milch sowie Sahne, Zucker und Salz mit dem Vanillemark und der Vanilleschote zum Kochen bringen.

6. Die Speisestärke in der restlichen Milch glatt rühren, dann das Eigelb unterrühren. Die Milch vom Herd ziehen und schnell mit der Eigelbmasse verquirlen. Unter ständigem Rühren noch einmal kurz erhitzen und zur Rose abziehen (Seite 137). Anschließend die Vanilleschote herausnehmen und die Creme vollständig abkühlen lassen.

7. Währenddessen die Früchte putzen und eventuell zerkleinern. Für den Belag den Tortenguss nach Packungsvorschrift vorbereiten. Saft oder Wein mit dem Zucker verrühren und aufkochen, dann bei schwacher Hitze 3 Minuten köcheln lassen. Den Tortenguss unterrühren. Abkühlen und leicht fest werden lassen.

8. Die abgekühlte Vanillecreme in die Mitte der Savarins füllen und die Früchte dekorativ darauf verteilen. Abschließend die Früchte gleichmäßig mit dem Tortenguss bestreichen.

FEINSTES FESTTAGSGEBÄCK

Was gibt es in der närrischen Zeit Schöneres, als in einen frischen Krapfen zu beißen? In der Weihnachtszeit freuen sich Groß und Klein auf die süßen und würzigen Düfte aus dem Backofen. Ob Vanillekipferl, Zimtsterne oder würzige Lebkuchen: Selbst gemachtes Weihnachtsgebäck gehört ganz einfach dazu! Lassen Sie sich also verführen und stöbern Sie durch klassische Gebäckrezepte: Entdecken Sie ausgefallene Backideen für die schönsten Feste des Jahres!

FEIERTAGSREZEPTE

Die meisten verbinden seit ihrer Kindheit den würzigen Geruch von Lebkuchen und frisch gebackenen Plätzchen mit der Advents- und Weihnachtszeit. Heutzutage ist es aber nicht mehr selbstverständlich, dass jeder die alten Rezepte für die Klassiker der Weihnachtsbäckerei kennt. Heinz-Richard Heinemann hilft hier gern weiter und bietet zusätzlich speziell ausgewählte Rezepte aus anderen Ländern.

In seinen Wanderjahren ist Heinz-Richard Heinemann viel herumgekommen: Paris, Lausanne, Zürich, London, Kopenhagen … und auf jeder Station lernte er viele neue und traditionelle Rezepte kennen.
In diesem Kapitel finden Sie einige davon, zum Beispiel Brune Kager, das klassische Weihnachtsgebäck aus Skandinavien.

Einen Schwerpunkt bilden die Rezepte aus der Schweiz: Die Zigerkrapfen bekamen ihren Namen anhand des Schweizer Begriffes »Ziger«, was ursprünglich einmal gleichbedeutend mit Quark war. Und tatsächlich handelt es sich bei dieser Spezialität um Quark-Krapfen, auch wenn Ziger inzwischen meist mit einem speziellen Schweizer Käse gleichen Namens in Verbindung gebracht wird.

LECKERLI ODER LÄCKERLI?

Bei den Baseler Leckerli deutet schon der Name an, dass es sich um ein typisch schweizerisches Rezept handelt. Allerdings würde in Basel selbst wohl eine andere Schreibweise für dieses lebkuchenartige Gebäck bevorzugt, nämlich »Basler Läckerli«. Da im Rest der deutschsprachigen Welt eine andere Schreibweise bevorzugt wird, seien die Baseler Sprachpuristen an dieser Stelle um Verzeihung gebeten, dass hier dennoch von »Baseler Leckerli« die Rede ist. Eine weitere Spezialität auf Lebkuchenbasis sind die St. Galler Marzipanlebkuchen, die bei keinem Schweizer Weihnachtsfest fehlen dürfen.

REZEPTE RUND UMS JAHR

Gleich zu Beginn erhalten Sie ein pfiffiges Mini-Gugelhupf-Rezept für Geburtstagsfeiern. Es folgen vielseitige Rezepte für Fastnacht und Karneval. Nicht umsonst liegen die Konditoreien von Heinz-Richard Heinemann ja mitten im tiefsten Karnevalsgebiet! Es folgen Anregungen für Ostern und für Halloween. Doch selbstverständlich liegt der Schwerpunkt in diesem Kapitel bei den Rezepten für die Weihnachtszeit (ab Seite 120). Hier erfahren Sie nicht nur, wie Sie die bekannten Vanillekipferln, Zimtsterne oder Pfeffernüsse backen können. Sie bekommen auch Rezepte für Weihnachtsspezialitäten wie Früchtebrot, Weihnachts-Torteletts oder Christstollentaler!

LACKIERTES GEBÄCK GEFÄLLIG?

Gerade während der Feiertage kommt es nicht nur auf den Geschmack, sondern auch auf das Aussehen an. Deshalb gibt Ihnen Heinz-Richard Heinemann noch einen Tipp, wie Sie Ihr Gebäck ästhetisch aufwerten können: Lackieren Sie es doch einfach! So können Sie Plätzchen auf dem Weihnachtsteller im Kerzenschein zum Glänzen bringen. Damit die süßen Köstlichkeiten aber nicht nur strahlen, sondern auch gegessen werden können, sollten Sie allerdings einen Lack aus Speisestärke verwenden. Das Rezept finden Sie auf Seite 124.

Mit zu den beliebtesten Weihnachtsplätzchen gehören Zimtsterne. Man braucht nur ein bisschen Geduld beim Ausstechen, ansonsten sind sie ganz einfach nachzubacken.

MINI-GUGELHUPFE

FÜR 12 STÜCK

50 g Butter
50 g Mehl
40 g Kakaopulver
190 g Marzipanrohmasse
2 Eigelb
30 g Honig
1 Prise Salz
3 Eiweiß
50 g Zucker

Außerdem:
12 Mini-Gugelhupf-Formen (7 cm Ø)
Butter für die Formen
Spritzbeutel mit großer Lochtülle

Zubereitungszeit:
ca. 30 Minuten

Backzeit:
ca. 27 Minuten

1. Die Butter schmelzen. Mehl und Kakaopulver zusammen sieben. Das Marzipan in Stückchen schneiden und mit Eigelb, Honig und Salz glatt rühren. Dann das Mehl-Kakao-Gemisch unterheben und schließlich die flüssige Butter dazugeben.

2. Den Backofen auf 170 °C Grad vorheizen. Die Mini-Gugelhupf-Formen mit Butter einfetten. Eiweiß mit dem Zucker zu festem Schnee schlagen und unter den Teig ziehen. Den fertigen Teig in den Spritzbeutel geben und in die Gugelhupf-Formen füllen. Die Förmchen auf einen Backrost stellen und die Gugelhupfe auf der mittleren Schiene des Backofens 25 bis 27 Minuten backen.

Heinemann-Tipp
Die Mini-Gugelhupfe lassen sich nach Belieben variieren. So können Sie beispielsweise 150 Gramm dunkle Kuvertüre temperieren (Seite 137) und die fertigen Gugelhupfe damit überziehen, oder Sie bestreuen sie mit Puderzucker. Auch sieht es hübsch aus, wenn Sie die Förmchen mit gehobelten Mandeln auslegen, bevor Sie den Teig einfüllen.
Für Kindergeburtstage können Sie kleine Kerzen auf die Gugelhupfe setzen und sie mit Zuckerblumen, Schokolinsen oder lustigen Figürchen dekorieren.

INFO

Sie können dieses hübsche Kleinigebäck auch mit Namensschildern versehen, wenn Sie zu einem Kaffeeklatsch mit mehreren Gästen einladen. Die Gugelhupfe eignen sich auch als Proviant für Ausflüge an heißen Sommertagen!

VARIANTE

Eine frisch-fruchtige Variante erhalten Sie, wenn Sie das Kakaopulver durch die abgeriebene Schale einer unbehandelten Zitrone oder Orange ersetzen und zusätzlich 40 Gramm Speisestärke mit dem Mehl zusammensieben.

BERLINER BALLEN

1. Für den Teig die Milch leicht erwärmen, die Hefe darin auflösen und mit 130 Gramm von dem Mehl gründlich mischen. Für mindestens 15 Minuten warm stellen und gehen lassen.

2. Eigelbe und Eier mit Rum, Salz, Vanillezucker und Zitronenschale schaumig rühren. Den Hefeteig mit der Eiermasse und dem restlichen Mehl mischen. Dann Butterschmalz und Zucker zugeben und den Teig glatt kneten.

3. Die Küchenhandtücher mit Mehl bestreuen. Den Teig in zwei Teigstücke à 500 Gramm teilen, gleichmäßige Rollen von 50 Zentimeter Länge formen und in je zehn gleichmäßige Teile von etwa 50 Gramm schneiden. Diese Teigstücke rund rollen und auf die Tücher legen. Mit weiteren Küchentüchern abgedeckt etwa 1 Stunde gehen lassen – idealerweise bei 26 bis 28 °C, ansonsten bei Raumtemperatur.

4. Das Pflanzenfett auf 170 °C erhitzen. Die Berliner portionsweise einlegen und den Topf für 1 1/2 bis 2 Minuten abdecken. Danach die Berliner mit einer Gabel wenden. Nun ohne Deckel backen. Jeder Berliner wird von beiden Seiten zweimal gebacken. Sie sind gelungen, wenn sie einen schönen weißen »Kragen« haben, d. h. einen weißen Ring um ihre Mitte. Damit dieser nicht einfällt, die Teigstücke für 2 Sekunden mit der Schaumkelle tief ins Fettbad tauchen.

5. Die fertigen Berliner zum Entfetten auf Küchenkrepp setzen. Die Himbeerkonfitüre durch ein feines Sieb passieren, dann in den Spritzbeutel füllen und in die Berliner spritzen. Danach mit Vanillepuderzucker bestäuben.

Heinemann-Tipp

Selbstverständlich können Sie die Berliner nach Wunsch auch mit anderen Konfitüren füllen und anschließend mit Fondant glasieren. Je nach Region werden beispielsweise gern Hagebuttenkonfitüre, Erdbeerkonfitüre, Pflaumenmus oder Aprikosenkonfitüre verwendet. Auch Vanillecreme oder Puddingcreme schmecken gut. Probieren Sie verschiedene Füllungen aus und finden Sie dabei Ihren persönlichen Favoriten!

FÜR ETWA 20 STÜCK

Für den Teig:

120 ml Milch
40 g Hefe
430 g Mehl
5 Eigelb
2 Eier
50 ml Rum
10 g Salz
10 g Vanillezucker
abgeriebene Schale von 1/2 unbehandelten Zitrone
110 g Butterschmalz
50 g Zucker

Zum Frittieren:

4 kg Pflanzenfett

Zum Füllen und Bestäuben:

150 g Himbeerkonfitüre
20 g Vanillepuderzucker (Seite 137)

Außerdem:

Küchenhandtücher
Spritzbeutel mit feiner Lochtülle
Schaumkelle

Zubereitungszeit: ca. 30 Minuten
Ruhezeit für den Teig: ca. 1 1/2 Stunden
Ausbackzeit: ca. 3 bis 4 Minuten

KARNEVALSKRAPFEN MIT LIMONCELLO

FÜR 20 STÜCK

Für den Brandteig:
120 ml Milch
100 g Butter
40 g Zucker
1 Prise Salz
abgeriebene Schale von 1/2 unbeandelten Zitrone
Vanillezucker (Seite 137)
160 g Mehl
4–5 Eier
Aprikosenkonfitüre
200 g Fondant (Seite 136)

Für die Limoncellosahne:
3 Blatt Gelatine
6 cl Limoncello
40 g Zucker
Saft von 1 Zitrone
150 g Mascarpone
2–3 Eiweiß
60 g Zucker
300 g Sahne

Außerdem:
Spritzbeutel mit großer Lochtülle

Zubereitungszeit: ca. 2 1/2 Stunden
Backzeit: ca. 25 Minuten

1. Für den Brandteig die Milch mit 120 Milliliter Wasser, Butter, Zucker, Salz, Zitronenschale und Vanillezucker aufkochen. Das Mehl zugeben und unter ständigem Rühren weiter erhitzen, bis sich die Masse vom Topfboden löst. In eine Schüssel geben und kurz abkühlen lassen.

2. Die Eier einzeln zur Mehlmischung geben und kräftig rühren, bis eine glatte Masse entstanden ist.

3. Den Backofen auf 190 °C vorheizen. Ein Backblech mit Backpapier auslegen. Den Brandteig in den Spritzbeutel füllen und 20 Krapfen auf das Blech spritzen. Auf der mittleren Schiene des Backofens etwa 25 Minuten backen.

4. Abkühlen lassen, mit Aprikosenkonfitüre bestreichen und mit Fondant glasieren.

5. Für die Limoncellosahne die Gelatine einweichen (Seite 136). Den Limoncello mit Zucker und Zitronensaft leicht erwärmen. Die Gelatine gut ausdrücken und in dem Limoncello glatt auflösen. Abkühlen lassen und dann den Mascarpone unterrühren.

6. Eiweiß und Zucker zu festem Schnee schlagen und unter die Mascarpone-Limoncello-Creme heben. Zum Schluss die Sahne schlagen und unterziehen.

7. Die Limoncellosahne in den Spritzbeutel füllen und die Krapfen damit füllen.

KARNEVALS-MUFFINS

FÜR 24 STÜCK

Für den Teig:
300 g Mehl
100 g gemahlene Mandeln
2 TL Backpulver
1 Prise Salz
200 g Zucker
200 g Joghurt, 3,5 % Fettgehalt
150 ml Sonnenblumenöl
4 Eier

Für die Mandel-Sahne-Mischung:
100 g gemahlene Mandeln
300 g Sahne
2 Eier
2 TL Vanillezucker (Seite 137)
1 Prise Salz

Zum Garnieren:
Früchte, Schokolade, bunte Zucker- oder Schokostreusel, gestiftelte Mandeln, Krokant, Fondant und Lebensmittelfarben

Außerdem:
2 Muffinformen oder Muffin-Papierförmchen

Zubereitungszeit:
ca. 20 Minuten

Backzeit:
ca. 30 Minuten

1. Für den Teig Mehl, Mandeln, Backpulver und Salz mischen. Zucker, Joghurt, Öl und Eier miteinander verquirlen und anschließend schnell unter die trockene Mehl-Mandel-Mischung rühren.

2. Für die Mandel-Sahne-Mischung alle genannten Zutaten miteinander verrühren, bis Vanillezucker und Salz sich aufgelöst haben.

3. Den Backofen auf 160 bis 180 °C Grad vorheizen. Die Muffinformen zur Hälfte mit dem Teig füllen, dann mit der Mandel-Sahne-Mischung auffüllen. Die Muffins 20 bis 30 Minuten backen. Abkühlen lassen und anschließend nach Belieben garnieren.

Heinemann-Tipp
Natürlich sollten Karnevals-Muffins möglichst bunt und lustig garniert werden. Vor dem Backen können Sie gehackte Schokolade, Früchte oder kandierte Fruchtstücke auflegen. Nach dem Backen lassen sich die Muffins mit Fondant (Seite 136) und Lebensmittelfarbe garnieren. Erwärmen Sie den Fondant dazu auf 30 °C, färben Sie ihn eventuell mit Lebensmittelfarbe und tauchen Sie die erkalteten Muffins ein oder malen Sie damit Gesichter auf die Muffins. Lassen Sie Ihrer Fantasie freien Lauf!

ZIGERKRAPFEN

FÜR 15 STÜCK

Für den Blätterteig:
250 g Blätterteig (Rezept Seite 50)
1 Eiweiß

Für die Füllung:
150 g Speisequark, 10 % Fettgehalt
1 EL Zitronensaft
abgeriebene Schale von 1 unbehandelten Zitrone
100 g Zucker
50 g Sahne
1 TL Zimt
100 g geschälte, gemahlene Mandeln
4 EL Sultaninen

Zum Ausbacken:
1,5–2 kg Pflanzenfett oder Öl

Zum Garnieren:
4 EL Zucker
1 TL Zimt

Zubereitungszeit: ca. 25 Minuten
Ausbackzeit: ca. 4 Minuten

1. Für die Füllung den Quark abtropfen lassen. Mit Zitronensaft, Zitronenschale, Zucker, Sahne und Zimt verrühren. Die Mandeln und die Sultaninen daruntermischen.

2. Den Blätterteig 3 Millimeter dick ausrollen. Etwa 6 Zentimeter große Quadrate ausschneiden. Das Eiweiß verquirlen. Auf die Hälfte der Quadrate einen Teelöffel Füllung in die Mitte geben und die Ränder mit dem Eiweiß bestreichen. Die zweite Hälfte der Teigstücke über die gefüllten Plätzchen legen und gut andrücken.

3. Das Pflanzenfett/Öl zum Ausbacken auf 170 °C erhitzen. Die Plätzchen darin 3 bis 4 Minuten schwimmend ausbacken. Auf Küchenpapier abtropfen lassen.

4. Den Zucker mit dem Zimt vermischen und auf einen großen flachen Teller streuen. Die noch warmen Zigerkrapfen rundherum in dem Zimtzucker wenden.

VARIANTE

Die Zigerkrapfen können auch in Kugelform hergestellt werden: Bereiten Sie die Zigerkugeln so zu wie die Zigerkrapfen, schneiden Sie jedoch runde Plätzchen von etwa 15 Zentimeter Durchmesser aus dem Teig. Belegen Sie diese mit der Füllung und formen Sie daraus anschließend Kugeln, die schwimmend ausgebacken werden.

SCHNEEBALLEN

FÜR 15 STÜCK

500 g Mehl
1 Prise Salz
120 g Butter
3 Eier
150 ml Weißwein
abgeriebene Schale von 1 unbehandelten Zitrone

Zum Ausbacken:
1,5–2 kg Pflanzenfett oder Öl

Zum Garnieren:
4 EL Zucker
1 TL Zimt

Zubereitungszeit: ca. 45 Minuten
Kühlzeit: ca. 1 Stunde

1. Das Mehl mit dem Salz mischen. In eine Schüssel sieben und mit einem Esslöffel eine Vertiefung in das Mehl drücken. Die nicht zu harte Butter in Flocken schneiden, in die Vertiefung geben. Die Eier verquirlen und zum Mehl geben. Weißwein und Zitronenschale hinzufügen und alles rasch zu einem Teig kneten. 1 Stunde kühl stellen.

2. Das Pflanzenfett/Öl auf etwa 170 °C erhitzen. Den Zucker mit dem Zimt vermengen. Den Teig 4 Millimeter dick ausrollen. Runde Plätzchen mit einem Durchmesser von etwa 12 bis 14 Zentimeter ausschneiden.

3. Mit dem Teigrädchen in jedes Küchlein von rechts und links Einschnitte machen, so dass etwa 1 Zentimeter breite Streifen entstehen. Achtung: Nicht durchschneiden! Jeden zweiten Streifen mit dem Stiel eines dünnen Holzlöffels anheben. Den Stiel mit dem Küchlein in die heiße Butter oder in das Öl tauchen und schwimmend ausbacken, bis der Teig goldgelb ist. Vom Kochlöffel abstreifen, gut abtropfen lassen, mit Zimtzucker bestreuen und sofort servieren.

NONNENKRÄPFCHEN

1. Für den Hefeteig die Eier trennen. Die Eigelbe mit 40 Gramm Zucker schaumig rühren. Die Hefe mit einer Prise Zucker und der Milch flüssig rühren und zur Eigelbcreme geben. Die Eiweiße mit den restlichen 40 Gramm Zucker steif schlagen. Wechselweise gesiebtes Mehl, Salz und das steif geschlagene Eiweiß unter die Eigelbmasse ziehen. Alles gut vermengen und 1 Stunde ruhen lassen.

2. Für die Mandelfüllung die Mandeln grob hacken, auch das Zitronat noch etwas zerkleinern. Dann alle Zutaten gut miteinander vermischen.

3. Den Hefeteig nochmals kneten und 5 Millimeter dick zu einem Rechteck ausrollen. Mit der Füllung bestreichen und die Teigplatte in etwa 6 Zentimeter breite Streifen schneiden. Die Streifen zusammenklappen und die nunmehr etwa 3 Zentimeter breiten Streifen in 4 Zentimeter lange Stücke schneiden.

4. Ein Brett mit Mehl bestauben. Die Stücke darauf legen. Mehl darübersieben und die Teilchen an einem warmen und trockenen Ort 24 Stunden ruhen lassen.

5. Den Backofen auf 180 °C vorheizen. Ein Blech mit Mehl bestauben. Die Nonnenkräpfchen darauflegen und auf der mittleren Schiene des Backofen 18 bis 20 Minuten backen. Nach dem Erkalten mit einem Küchenpinsel oder einem Bürstchen vom Mehl befreien.

VARIANTE

Lebkuchen-Füllung

125 Gramm geriebenen Lebkuchen mit 1 Esslöffel Zimt, einer Prise Nelkenpulver, abgeriebener Schale von 1 unbehandelten Zitrone und 2 bis 3 Esslöffel Honig gut miteinander vermengen. Den Teig damit bestreichen und dann wie in Punkt 3 beschrieben weiterverfahren.

FÜR 15 STÜCK

Für den Hefeteig:

4 Eier
80 g Zucker
10 g Hefe
50 ml Milch
500 g Mehl
10 g Salz

Für die Mandelfüllung:

125 g ungeschälte Mandeln
50 g gewürfeltes Zitronat
125 g Zucker
1 EL Zimt
abgeriebene Schale von 1 unbehandelten Zitrone
1 Ei
1 TL Honig

Zubereitungszeit: ca. 50 Minuten
Ruhezeit: 25 Stunden
Backzeit: ca. 20 Minuten

OSTERZÖPFE

FÜR 2 ZÖPFE

Für den Teig:
180 ml Milch
80 g Sahne
1 TL Vanillezucker (Seite 137)
20 g Hefe
520 g Mehl
30 g Zucker
1/2 TL Salz
80 g weiche Butter
2 Eier

Für die Dekoration:
1 Ei
30 g Hagelzucker
30 g Butter
Osterdekor nach Wunsch

Zubereitungszeit: 1 Stunde
Ruhezeit: ca. 50 Minuten
Backzeit: ca. 35 Minuten

1. Für den Teig zunächst Milch, Sahne und Vanillezucker mischen und leicht anwärmen. Dann die Hefe dazugeben. Ein Drittel des Mehls (180 Gramm) einrühren. Den Vorteig 20 Minuten ruhen lassen.

2. Das restliche Mehl mit dem Zucker, dem Salz und der Butter in eine Schüssel geben. Eier und den Vorteig hinzufügen und alles zu einem glatten Teig verarbeiten. Den Teig abgedeckt etwa 30 Minuten ruhen lassen.

3. Den Backofen auf 170 °C vorheizen. Ein Backblech mit Backpapier belegen. Vom fertigen Teig 2 x 250 Gramm abwiegen und daraus jeweils 2 Stränge von etwa 50 Zentimeter Länge formen. Die Stränge anschließend zu Zöpfen flechten.

4. Das Ei mit etwas Wasser verquirlen, die Zöpfe damit einpinseln, anschließend mit Hagelzucker bestreuen und auf das Backblech legen. Auf der mittleren Schiene des Backofens etwa 35 Minuten goldbraun backen. Die Butter schmelzen und über die noch heißen Zöpfe gießen. Nach dem Erkalten nach Wunsch garnieren.

VARIANTE

Aus diesem Teig können Sie auch 5 kleine Osterhasen backen. Dazu schneiden Sie den Teig in 5 gleich große Teile und formen Osterhasen daraus. Ein Ei mit etwas Wasser mischen, die Hasen damit bepinseln, auf das Backblech legen und auf der mittleren Schiene des Backofens etwa 20 Minuten backen. Nach dem Erkalten nach Wunsch mit Rosinen, kandierten Früchten oder gerösteten Nusssplittern garnieren.

HALLOWEEN-KÜRBISTÖRTCHEN MIT ORANGENCREME

FÜR 10 STÜCK

Für den Mürbeteig:
120 g kalte Butter
60 g Puderzucker
1 Prise Salz
Mark von 1 Vanilleschote
2 Eigelb
180 g Mehl Type 550 oder 1050

Für den Biskuit:
250 g Kürbis
6 Eier
170 g Zucker
1 Prise Salz
1 TL Zimt
abgeriebene Schale von 1 unbehandelten Zitrone
abgeriebene Schale von 1 unbehandelten Orange
50 g Mehl
250 g ungeschälte gemahlene Mandeln
100 g gewürfeltes Orangeat

Für die Orangencreme:
5 Blatt Gelatine
1/2 l Orangensaft
100 g Sahne
5 Eigelb
90 g Zucker
1 EL Zitronensaft

Für die Fertigstellung:
250 g Orangenmarmelade
100 ml Orangensaft
30 ml Grand Marnier
100 g gehackte Mandeln

Außerdem:
10 Metallringe (8 cm Ø)

Zubereitungszeit: ca. 60 Minuten
Ruhezeit: möglichst über Nacht
Backzeit: ca. 25 Minuten

1. Für den Mürbeteig alle Zutaten bis auf das Mehl zu einer glatten Masse verkneten. Dann das Mehl vorsichtig unterarbeiten. Den Teig in Folie wickeln und kühl stellen.

2. Den Backofen auf 180 °C vorheizen. Ein Backblech mit Backpapier auslegen. Den Mürbeteig auf einer leicht bemehlten Arbeitsfläche ausrollen. Böden von 8 Zentimeter Durchmesser ausstechen und auf das Backblech legen. Mehrmals mit einer Gabel einstechen, damit es keine Blasen gibt. Auf der mittleren Schiene des Backofens etwa 10 Minuten backen.

3. Für den Biskuit den geschälten Kürbis in Wasser bissfest kochen, kurz abkühlen lassen und ganz klein schneiden.

4. Die Eier trennen. Eigelb, 120 Gramm Zucker, Salz, Zimt, Zitronen- und Orangenschale schaumig rühren. Eiweiß mit dem restlichen Zucker zu Schnee schlagen. Mehl, Mandeln und Orangeat miteinander vermischen. Den Eischnee unter die Eigelbmasse mischen, dann den Kürbis und die Mandel-Mehl-Mischung zugeben.

5. Den Backofen auf 180 °C vorheizen. Ein Backblech mit Backpapier auslegen.

6. Die Metallringe auf das Backblech legen, den Biskuitteig etwa 2 bis 3 Zentimeter hoch einfüllen und die Oberfläche glatt streichen. Auf der mittleren Schiene des Backofens in etwa 15 Minuten hellgelb backen.

7. Für die Orangencreme die Gelatine einweichen (Seite 136). Den Orangensaft mit der Sahne aufkochen und vom Herd ziehen. Eigelb mit Zucker und Zitronensaft vermengen, zur Sahne gießen und gut verrühren. Nochmals auf 80 °C erhitzen. Die ausgedrückte Gelatine zugeben, glatt auflösen und die Creme kalt werden lassen.

8. Die gebackenen Biskuits aus den Ringen lösen und in der Mitte quer durchschneiden. Die Mürbeteigböden dünn mit Orangenmarmelade bestreichen. Jeweils eine Biskuithälfte auflegen und mit etwas Orangensaft und Grand Marnier tränken.

9. Die kalte Orangencreme mit dem Schneebesen glatt rühren und anschließend gleichmäßig auf die Biskuittörtchen streichen. Mit jeweils einer zweiten Biskuithälfte bedecken. Die restliche Orangenkonfitüre erwärmen, die Biskuits dünn damit einpinseln. Zum Abschluss dekorativ mit Mandeln bestreuen.

ZIMTSTERNE

FÜR 40 BIS 50 STÜCK

Für den Teig:
300 g gemahlene Mandeln
5 g Zimt
3 Eiweiß
250 g Zucker

Für die Glasur:
1 Eiweiß
125 g Puderzucker

Außerdem:
Sternausstecher

Zubereitungszeit:
ca. 50 Minuten

Kühlzeit:
ca. 3 bis 4 Stunden

Backzeit:
ca. 8 Minuten

1. Für den Teig 250 Gramm Mandeln mit dem Zimt mischen. Eiweiß und Zucker im Wasserbad auf etwa 40 °C erwärmen und rühren, bis der Zucker sich gelöst hat. Die Mandeln mit dem gezuckerten Eiweiß zu einem Teig verkneten und 2 bis 3 Stunden kalt stellen, damit der Teig genügend Festigkeit erhält.

2. Den Teig dann zwischen zwei Lagen Folie etwa 8 Millimeter stark ausrollen und ins Tiefkühlfach stellen.

3. Für die Glasur das Eiweiß und den Puderzucker zu einem dickflüssigen Brei verrühren und mit einer Winkelpalette sehr dünn auf dem angefrorenen Teig verstreichen. Dabei aber einen kleinen Teil für das Glasieren der beim Ausstechen anfallenden Teigreste aufbewahren. Den glasierten Teig nochmals kurz anfrieren, das erleichtert das Ausstechen.

4. Den Backofen auf 200 °C vorheizen. Ein Backblech mit Backpapier belegen.

5. Mit dem Ausstecher Sterne ausstechen. Dabei so wenig Zwischenräume wie möglich lassen und die Ausstechform zwischendurch immer wieder in heißes Wasser tauchen. Die Sterne auf das Backblech legen und auf der mittleren Schiene des Backofens etwa 8 Minuten backen.

6. Währenddessen die Teigreste gut miteinander verkneten. Dabei die verbliebenen gemahlenen Mandeln zufügen, um die Feuchtigkeit der Glasur auszugleichen. Mit dem neuen Teig genauso verfahren wie mit dem ersten.

Heinemann-Tipp

Zugegeben, das gleichmäßige Bestreichen des Teiges mit der Zuckerglasur ist nicht einfach. Deswegen mein Tipp: Stechen Sie die Zimtsterne aus dem Teig ohne Glasur aus! In diesem Fall geben Sie die gesamte Mandelmenge von Anfang an zum Teig. Verwenden Sie einen Spritzbeutel, um die Zimtsterne mit Glasur zu garnieren.

VANILLEKIPFERL

FÜR ETWA 30 KIPFERL

Für den Teig:

170 g Butter

50 g Vanillepuderzucker (Seite 137)

70 g gemahlene Walnüsse oder Mandeln

270 g Mehl

Zum Überpudern:

100 g Puderzucker

3 EL Vanillezucker (Seite 137)

Zubereitungszeit: ca. 30 Minuten

Ruhezeit: ca. 1 Stunde

Backzeit: ca. 10 Minuten

1. Butter, Puderzucker, Mehl und Nüsse zu einem glatten Teig verkneten, eine Rolle formen und 1 Stunde im Kühlschrank ruhen lassen.

2. Den Backofen auf 200 °C vorheizen. Ein Backblech mit Backpapier auslegen. Aus dem Teig Rollen formen, kleine Scheiben abschneiden, diese zu Kugeln formen und daraus Rollen mit verjüngten Enden, also Kipferl, formen. Auf das Backblech setzen und auf der mittleren Schiene des Backofens in 10 Minuten hellgelb backen.

3. Zum Überpudern den Puderzucker und den Vanillezucker mischen. Das Zuckergemisch auf die noch warmen Kipferl auf dem Blech sieben.

HAUSFREUNDE

FÜR ETWA 30 STÜCK

50 g Haselnüsse

50 g geschälte Mandeln

20 g Rosinen

20 g Orangeat

30 g dunkle Kuvertüre

3 Eier

130 g Puderzucker

120 g Mehl

Fett und Mehl für das Blech

Zubereitungszeit: ca. 30 Minuten

Backzeit: ca. 25 Minuten

1. Nüsse, Mandeln, Rosinen und das Orangeat fein hacken. Die Kuvertüre grob reiben. Die Eier mit dem Puderzucker schaumig rühren, dann Mehl und alle zerkleinerten Zutaten hinzufügen.

2. Den Backofen auf 180 °C vorheizen. Ein Backblech befetten und mit Mehl hauchdünn bestauben. Die Teigmasse 1 Zentimeter dick auf das Blech streichen. Auf der mittleren Schiene des Backofens in etwa 15 Minuten goldbraun backen. Noch heiß in schmale, kurze Streifen schneiden und weitere 7 bis 10 Minuten backen.

BRUNE KAGER

FÜR ETWA 50 STÜCK
75 g ungeschälte Mandeln
40 g kandierter Ingwer
250 g Butter
200 g Zucker
125 g Ahornsirup
40 g gewürfeltes Zitronat
2 TL Zimtpulver
1/2 TL Ingwerpulver
1 Prise Nelkenpulver
500 g Mehl
7 g Pottasche

Zubereitungszeit:
ca. 30 Minuten

Backzeit:
ca. 10 Minuten

1. Die Mandeln und den Ingwer hacken. Butter, Zucker und Ahornsirup aufkochen. Vom Herd nehmen. Mandeln, Ingwer, Zitronat und alle Gewürze zugeben.

2. Den Backofen auf 200 °C vorheizen. Ein Backblech mit Backpapier belegen. Das Mehl mit der Pottasche in die Küchenmaschine mit Knethaken sieben. Die Butter-Zucker-Mischung langsam hineinschütten und alles zu einem festen Teig kneten. Dann mit der Hand Rollen aus dem Teig formen und diese in etwa 1 Zentimeter dicke Scheiben schneiden. Auf das Backblech legen und auf der mittleren Schiene des Backofens 8 bis 10 Minuten backen.

GEWÜRZKEKSE

FÜR ETWA 50 STÜCK
15 g dunkle Kuvertüre
200 g Puderzucker
150 g weiche Butter
200 g Mehl
4 Eiweiß
1/2 TL Spekulatiusgewürz
1/2 TL Anispulver
1/2 TL Kardamom
je 60 g Haselnüsse und Walnüsse
10 g Hagelzucker

Außerdem:
Spritzbeutel mit mittlerer Lochtülle

Zubereitungszeit: ca. 25 Minuten
Backzeit: ca. 15 Minuten

1. Die Kuvertüre im Wasserbad schmelzen. Den Puderzucker sieben und mit der Butter schaumig schlagen. Weiter schlagen, dabei nach und nach Mehl und Eiweiß dazugeben. Dann die Gewürze und die aufgelöste Kuvertüre zugeben.

2. Die Haselnüsse und die Walnüsse klein hacken und zusammen mit dem Hagelzucker gut im Teig verrühren. Den Backofen auf 170 °C vorheizen. Ein Backblech mit Backpapier auslegen.

3. Den Gewürzteig in den Spritzbeutel füllen und kleine Tupfen auf das Backblech dressieren. Diese mit der Nussmischung bestreuen. Auf der mittleren Schiene des Backofens 12 bis 15 Minuten backen.

PFEFFERNÜSSE

FÜR ETWA 50 STÜCK

Für den Teig:
200 g Honig
50 g Farinzucker
25 g Haselnüsse
250 g Mehl
30 g gewürfeltes Orangeat
5 g Natron
3 g Hirschhornsalz
3 g Zimt
5 g Honigkuchengewürz

Für die Zuckerglasur:
300 g Puderzucker
1 Eiweiß

Zubereitungszeit:
ca. 40 Minuten

Kühlzeit:
zweimal über Nacht

Backzeit:
ca. 12 Minuten

1. Für den Teig Honig und Farinzucker im Topf auf 50 °C erwärmen. Über Nacht auskühlen lassen.

2. Die Haselnüsse hacken und mit allen anderen Zutaten vermengen. Den abgekühlten Honig langsam unterheben. Den Teig dann noch einmal über Nacht kühl und trocken reifen lassen.

3. Den Backofen auf 180 °C vorheizen. Ein Backblech mit Backpapier auslegen.

4. Aus dem Honigteig daumendicke Stangen rollen. Von den Stangen 1 Zentimeter dicke Taler schneiden und diese nicht zu dicht nebeneinander auf das Backblech legen. Auf der mittleren Schiene des Backofens 10 bis 12 Minuten backen.

5. Für die Glasur den Puderzucker mit dem Eiweiß verrühren und etwas anwärmen. Die Pfeffernüsse kurz in die Glasur eintunken und im Backofen bei etwa 50 °C kurz trocknen lassen.

VARIANTE DER GLASUR

Gebäcklack
Den Backofen auf 180 °C vorheizen. Ein Backblech mit Backpapier belegen und 20 Gramm Speisestärke daraufstreuen. Auf der mittleren Schiene des Backofens etwa 45 Minuten rösten. Erkalten lassen. 250 Milliliter Wasser zum Kochen bringen und die geröstete Speisestärke einrühren. Etwa 5 bis 10 Minuten weiterkochen lassen und gelegentlich umrühren. Der Gebäcklack ist fertig, wenn sich beim Blasen auf die Oberfläche eine Haut bildet.

Heinemann-Tipp
Der Gebäcklack lässt sich für praktisch jedes Hartgebäck verwenden, aber auch Printen, Brötchen und Broten können Sie damit einen schönen Glanz verleihen. Dazu müssen Sie die mit Wasser vermischte Speisestärke direkt nach dem Backen lediglich mit einem Pinsel dünn auf das noch warme Gebäck aufstreichen. Besonders gut macht sich der Lack auf Eigelbmakronen (Seite 29), Mandelhörnchen (Seite 32) und Mandelbrot (Seite 33) sowie bei Elisenlebkuchen (Seite 127).

St. Gallener Marzipanlebkuchen

FÜR 50 STÜCK

Für die Lebkuchen:
130 g Honig
20 g Zucker
200 g Mehl
4 g Lebkuchengewürz
4 Eier
2 g Hirschhornsalz

Für Marzipanfüllung und Glasur:
400 g Marzipanrohmasse
Eigelb oder Milch

Zubereitungszeit: ca. 30 Minuten
Ruhezeit: ca. 1 Woche
Backzeit: ca. 7 Minuten

Für den Überzug:
400 g dunkle Kuvertüre

1. Den Honig leicht erwärmen, den Zucker darin auflösen und wieder erkalten lassen. Zusammen mit allen anderen Zutaten in eine Schüssel geben und gut verkneten. Abdecken und mindestens 1 Woche an einem kühlen Ort stehen lassen.

2. Den Backofen auf 210 °C vorheizen. Ein Backblech mit Backpapier auslegen. Den Teig etwa 3 Millimeter dick ausrollen. Aus dem Marzipan mehrere etwa 2 Zentimeter dicke Stangen formen und diese in den Teig einschlagen. Die Stangen anschließend mit einem Messer in einem Winkel von 45 Grad zerschneiden, so dass dreieckig geformte Stückchen entstehen. Diese mit verquirltem Eigelb oder Milch bestreichen. Auf das Backblech legen und auf der mittleren Schiene in etwa 7 Minuten braun backen.

Info

Auf Seite 104 ist das Gebäck abgebildet.

Variante

Früchte-Lebkuchenschnitten
Den Teig für den Lebkuchen wie hier beschrieben zubereiten. Aus dem Teig zwei gleich große Platten von je etwa 5 Millimeter Dicke ausrollen. Im vorgeheizten Backofen bei 210 °C etwa 7 Minuten backen. Für die Fruchtfüllung 100 Gramm getrocknete Feigen, 100 Gramm getrocknete Datteln, 200 Gramm getrocknete Pflaumen, 50 Gramm Rosinen, 50 Gramm Orangeat und 50 Gramm Walnüsse fein hacken und mit 100 Milliliter Zwetschgenwasser und 50 Milliliter Wasser in einem Topf erhitzen und etwa 5 Minuten kochen. Kurz abkühlen lassen. Eine der Lebkuchenplatten gleichmäßig etwa 1 Zentimeter hoch mit der Füllung bestreichen. Die zweite Platte auflegen. Fest in Alufolie einpacken und einen Tag im Kühlschrank durchziehen lassen. Am nächsten Tag den Lebkuchen in Stücke schneiden und auf Backpapier legen. Die Kuvertüre temperieren (Seite 137) und die Lebkuchen damit überziehen.

Elisenlebkuchen

1. Für den Teig das Marzipan in kleine Stücke schneiden. 150 Gramm von dem Zucker, 2 Eiweiß, Marzipan und Honig mischen. Zunächst die Mandeln, dann die Haselnüsse in einer Pfanne ohne Fett erhitzen, bis sie zu duften beginnen. Mit dem Orangeat und dem Zitronat zur Marzipanmasse geben und alles gut miteinander vermengen.

2. Das Mehl mit Hirschhornsalz und Kakao mischen und sieben. Dann die Gewürze dazumischen. Das restliche Eiweiß mit den restlichen 100 Gramm Zucker zu festem Schnee schlagen und unter das Mehlgemisch arbeiten. In den Spritzbeutel geben, auf die Oblaten dressieren und mit einer nassen Palette oder einem Messer glatt streichen.

3. Den Backofen auf 170 °C vorheizen. Ein Backblech mit Backpapier belegen und die Elisenlebkuchen auflegen. Auf der mittleren Schiene des Backofens etwa 15 Minuten backen.

4. Für die Zuckerglasur 125 Milliliter Wasser und Zucker auf 110 °C erhitzen (die Temperatur lässt sich am besten mit dem Zuckerthermometer prüfen) und so lange gut umrühren, bis sich der Zucker vollkommen gelöst hat. Die Elisenlebkuchen mit der Zuckerglasur bestreichen.

Heinemann-Tipp
Sie können die fertigen Elisenlebkuchen mit geschälten halbierten Mandeln oder kandierten Früchten belegen.

FÜR ETWA 14 STÜCK

Für den Teig:
150 g Marzipanrohmasse
250 g Zucker
3 Eiweiß
20 g Honig
100 g gestiftete Mandeln
20 g gemahlene Haselnüsse
25 g gewürfeltes Orangeat
10 g gewürfeltes Zitronat
50 g Mehl
1 TL Hirschhornsalz
1 TL Kakao
1/2 TL Zimtpulver
1 TL Nelkenpulver
1/2 TL Muskat, frisch gerieben
abgeriebene Schale von 1/2 unbehandelten Zitrone

Für die Zuckerglasur:
250 g Zucker

Für die Fertigstellung:
14 Oblaten (9 cm Ø)

Außerdem:
Spritzbeutel mit großer Lochtülle
Zuckerthermometer

Zubereitungszeit: ca. 40 Minuten
Backzeit: ca. 15 Minuten

BASELER LECKERLI

FÜR ETWA 30 STÜCK

Für den Teig:
1 TL Hirschhornsalz
3 TL Pottasche
100 ml Milch
100 g gehackte Haselnüsse
60 g gestiftete Mandeln
300 g Honig
100 g Zucker
400 g Mehl Type 550
90 g gewürfeltes Zitronat
3 TL Zimtpulver
1 TL Nelkenpulver
1/2 TL Pimentpulver
1/2 TL Korianderpulver
1/2 TL Anispulver
25 ml Cognac

Für die Zuckerglasur:
250 g Zucker

Außerdem:
Zuckerthermometer

Zubereitungszeit: ca. 50 Minuten

Backzeit: ca. 20 Minuten

1. Hirschhornsalz und Pottasche in der Milch auflösen. Haselnüsse und Mandeln in einer Pfanne ohne Fett erhitzen, bis sie zu duften beginnen. Honig und Zucker im Wasserbad auf etwa 50 °C erwärmen.

2. Den Backofen auf 180 °C vorheizen. Ein Backblech mit Backpapier auslegen. Die Nüsse mit dem Mehl, dem Zitronat und den Gewürzen mischen und das Honig-Zucker-Gemisch hinzufügen. Gut verkneten. Den Teig weiterkneten und dabei nach und nach die Milch mit den Treibmitteln hinzufügen. Zuletzt den Cognac zufügen.

3. Den noch warmen Teig auf dem Blech ausrollen. Auf der mittleren Schiene des Backofens 20 Minuten backen, herausnehmen und abkühlen lassen.

4. Für die Zuckerglasur 125 Milliliter Wasser und Zucker auf 110 °C erhitzen (Temperatur mit dem Zuckerthermometer prüfen) und umrühren, bis sich der Zucker gelöst hat. Die abgekühlte Teigplatte mit der Zuckerglasur bestreichen. Die Baseler Leckerli nach Wunsch in Quadrate oder Rechtecke schneiden.

Heinemann-Tipp

In die noch weiche Zuckerglasur können Sie nach Belieben Mandeln, Nüsse und kandierte Früchte drücken.

INFO

Pottasche und Hirschhornsalz sind Triebmittel, die vorwiegend bei der Leb- und Honigkuchenherstellung verwendet werden. Sie reagieren mit Wasser, Säure und Hitze, wodurch sie das notwendige Kohlendioxid für die Lockerung des Teiges entwickeln.

FRÜCHTEBROT

FÜR 1 FRÜCHTEBROT VON ETWA 1 KG

Für den Teig:

60 g Milch
15 g Hefe
250 g Mehl
100 g weiche Butter
25 g Puderzucker
1 Eigelb
1 EL Vanillezucker (Seite 137)
1 Prise Salz

Für die Füllung:

150 g getrocknete, entsteinte Pflaumen
100 g Feigen
100 g Rosinen
50 g entkernte Datteln
100 g gewürfeltes Zitronat
100 g gewürfeltes Orangeat
50 g gehackte Mandeln
50 g Zucker
50 g Mehl
1 TL Zimtpulver
1/2 TL Nelkenpulver
1 EL Obstler
1 EL Rum

Zum Abschluss:

2 Eigelb
10 halbe Walnüsse zum Belegen

Zubereitungszeit: ca. 40 Minuten
Kühlzeit: ca. 30 Minuten
Backzeit: ca. 40 Minuten

1. Für den Teig die Milch erwärmen, die Hefe darin auflösen, dann die restlichen Teigzutaten hinzufügen und alles zu einem Teig verkneten. 30 Minuten kühl stellen.

2. Für die Füllung Pflaumen, Feigen Rosinen und Datteln fein hacken und mit allen für die Füllung genannten Zutaten zu einem festen Teig verkneten.

3. Den Hefeteig rechteckig ausrollen. Die Früchtemasse auf dem Teig zu einem länglichen Ziegel formen. Die Teigränder mit Ei bestreichen, dann den Früchteziegel vollständig mit Teig einhüllen und die Teigenden fest anpressen.

4. Den Backofen auf 180 °C vorheizen. Ein Backblech mit Backpapier belegen. Die Eigelbe verquirlen. Das Früchtebrot mit der Teignaht nach unten auf das Backblech legen und gut mit Eigelb einstreichen, antrocknen lassen, dann nochmals mit Eigelb bestreichen. Mit den Nüssen belegen und im Backofen auf der zweiten Schiene von unten 30 bis 40 Minuten backen.

Weihnachtsküchlein

FÜR ETWA 30 STÜCK

Für den Teig:

200 g gemahlene Haselnüsse
80 g Zucker
2 Eiweiß
40 g gewürfeltes Orangeat
40 g Honig

Für den Überzug:

200 g dunkle Kuvertüre oder Edelbitterschokolade
200 g helle Kuvertüre oder Vollmilchschokolade

Dazu kommen eine oder mehrere der hier beschriebenen Marzipan- oder Nougatmassen sowie die darauf abgestimmten Garnierungen. Mengen jeweils für ca. 10 Plätzchen.

Außerdem:

verschiedene Ausstechformen (3 cm Ø)

Zubereitungszeit:
ca. 60 Minuten

Backzeit:
ca. 15 Minuten

1. Für den Plätzchenteig alle Zutaten bis auf 4 Esslöffel von den Nüssen zu einem festen Teig verarbeiten. Die übrig behaltenen Nüsse auf die Arbeitsfläche streuen und den Teig darauf etwa 5 Millimeter dick ausrollen.

2. Den Backofen auf 180 °C vorheizen. Ein Backblech mit Backpapier auslegen. Die Plätzchen rund, oval und eckig ausstechen und auf das Backblech legen. Auf der mittleren Schiene des Backofens 12 bis 15 Minuten backen.

3. Abkühlen lassen, dann die Plätzchen jeweils mit einer Marzipan- oder Nougatmasse nach Wahl bestreichen oder diese mit einem Spritzbeutel aufspritzen.

4. Für den Überzug je eine Kuvertüresorte temperieren und die Weihnachtsküchlein mit einer Pralinengabel oder einem anderen geeigneten Küchenutensil in die Kuvertüre tauchen. Auf einem Kuchengitter abtropfen lassen. Die Weihnachtsküchlein garnieren, bevor die Kuvertüre getrocknet ist.

Pistazienmarzipan:
50 Gramm Marzipanrohmasse mit 15 Gramm fein gemahlenen Pistazien und 2 Teelöffeln Mandellikör vermengen. Garnierung: gehackte Pistazien

Grand-Marnier-Marzipan:
60 Gramm Marzipanrohmasse mit 3 Teelöffeln Grand Marnier vermengen. Garnierung: Zuckerperlen

Williams-Christ-Marzipan:
50 Gramm Marzipanrohmasse mit 15 Gramm gehackten Walnüssen und 2 Teelöffeln Williams-Christ-Brand vermengen. Garnierung: halbe Walnüsse

Sahnenougat:
50 Gramm Nougat im Wasserbad auflösen, 20 Gramm Sahne zugeben und abkühlen lassen. Garnierung: gehackte Mandeln

Mandelnougat:
50 Gramm Nougat im Wasserbad auflösen, abkühlen lassen und 15 Gramm gehackte Mandeln kurz vor dem Erstarren unterrühren. Garnierung: gehackte Mandeln

WEIHNACHTSTORTELETTS MIT ORANGEN-MARZIPAN

FÜR 40 STÜCK

Für den Mürbeteig:
125 g weiche Butter
100 g Puderzucker
1 Prise Salz
1 Ei
300 g Mehl

Für die Füllung:
70 g Marzipanrohmasse
70 g Butter
abgeriebene Schale von 1 unbehandelten Orange
1 Prise Salz
90 g geschälte, gemahlene Mandeln
1 Eiweiß
40 g Mehl

Zum Garnieren:
4 EL bittere Orangenkonfitüre
Marzipan nach Wunsch

Außerdem:
kleine Metallförmchen (4 cm Ø)
Spritzbeutel mit Lochtülle

Zubereitungszeit: ca. 45 Minuten
Kühlzeit: ca. 2 Stunden
Backzeit: ca. 22 Minuten

1. Für den Mürbeteig die Butter, den Puderzucker und das Salz mit dem Handrührgerät mit Knethaken glatt rühren. Das Ei unterrühren. Mehl zugeben und ebenfalls unterkneten. Den Teig in Frischhaltefolie wickeln und 2 Stunden kalt stellen.

2. Für die Füllung das Marzipan klein würfeln und mit Butter, Orangenschale und Salz mit dem Handrührgerät mit Schneebesen schaumig rühren. Mandeln und Eiweiß zugeben und glatt rühren. Nach und nach das Mehl hinzufügen und alles glatt rühren.

3. Den Backofen auf 180 °C vorheizen. Den Mürbeteig auf einer leicht bemehlten Arbeitsfläche 3 Millimeter dünn ausrollen. Teigstücke ausschneiden, die etwas größer als die Förmchen sind, und die Tortelettförmchen damit auslegen. An den Rändern leicht andrücken. Auf der mittleren Schiene des Backofens etwa 10 Minuten vorbacken. Abkühlen lassen. Den Backofen eingeschaltet lassen.

4. Die Marzipanfüllung in den Spritzbeutel geben und die Mürbeteigtorteletts damit füllen. Auf der mittleren Schiene des Backofens in 10 bis 12 Minuten goldgelb backen.

5. Die Konfitüre erwärmen und die Torteletts damit bepinseln und nach Wunsch mit Sternchen aus Marzipan garnieren.

INFO

Kühl und trocken gelagert halten sich die Weihnachtstorteletts mindestens 2 Wochen.

Tannenbäumchen mit Preiselbeeren

FÜR ETWA 30 STÜCK

Für den Mürbeteig:
125 g weiche Butter
100 g Puderzucker
1 Prise Salz
1 Ei
300 g Mehl

Für die Füllung:
100 g Marzipanrohmasse
100 g Preiselbeermarmelade

Für die Glasur:
150 g Puderzucker
1 Eiweiß
1 TL Rum
grüne Lebensmittelfarbe
Kokosraspeln

Außerdem:
Ausstechformen in Tannenbaumform

Zubereitungszeit: ca. 40 Minuten
Kühlzeit: ca. 2 Stunden
Backzeit: ca. 10 Minuten

1. Die Butter mit Puderzucker und Salz glatt kneten. Das Ei unterrühren. Mehl hinzufügen und alles gut verkneten. Den Teig in Frischhaltefolie wickeln und zwei Stunden kalt stellen.

2. Ein Backblech mit Backpapier belegen, den Backofen auf 180 °C vorheizen. Den Teig auf einer bemehlten Arbeitsfläche etwa 3 Millimeter dick ausrollen und Bäumchen ausstechen. Auf das Backblech legen und auf der mittleren Schiene des Backofens in etwa 10 Minuten hellgelb backen. Abkühlen lassen.

3. Für die Füllung das Marzipan zerkleinern und mit der Marmelade glatt rühren.

4. Die Hälfte der Tannenbäumchen dünn mit Preiselbeermarzipan bestreichen, dann die anderen Tannenbäumchen vorsichtig daraufsetzen.

5. Für die Glasur den Puderzucker mit Eiweiß, Rum und einigen Tropfen grüner Lebensmittelfarbe verrühren. Die Tannenbäumchen mit der Glasur bestreichen und mit Kokosraspeln bestreuen.

CHRISTSTOLLENTALER

FÜR ETWA 40 STÜCK

Klassische Früchtemischung:
250 g Rosinen
30 g gewürfeltes Orangeat
15 g gewürfeltes Zitronat
1 EL Rum
15 g Mandelsplitter

Für den Vorteig:
50 ml Milch
25 g Hefe
25 g Honig
100 g Mehl

Für den Hauptteig:
40 g Marzipanrohmasse
110 g weiche Butter
1 Prise Salz
abgeriebene Schale von 1 unbehandelten Zitrone
10 g Vanillezucker (Seite 137)
100 g Mehl

Fertigstellung:
80 g Butter
150 g Zucker

Zubereitungszeit: ca. 70 Minuten
Ruhezeit: mindestens 2,5 Stunden
Backzeit: ca. 45 Minuten

1. Für die klassische Früchtemischung bereits am Vortag Rosinen, Orangeat und Zitronat mischen, mit Rum beträufeln und durchziehen lassen.

2. Für den Vorteig die Milch mit der Hefe und dem Honig verrühren. Das Mehl zugeben und einen festen Teig kneten. Mit Mehl bestäuben, abdecken und im Kühlschrank 2 Stunden gehen lassen, bis die Mehldecke stark gerissen ist.

3. Für den Hauptteig das Marzipan zerkleinern. Mit Butter, Salz, Zitronenschale, Vanillezucker und Mehl zu einem glatten Teig verarbeiten.

4. Vor- und Hauptteig gut miteinander verkneten, bis ein glatter Teig entstanden ist.

5. Die Früchte-Rum-Mischung zügig und ohne viel Kneten unter den Teig mengen, damit sie nicht zerdrückt wird. Den Teig teilen, zwei Kugeln formen und 20 Minuten kühl stellen.

6. Die Teigkugeln zu je einer Rolle von etwa 4 Zentimeter Durchmesser formen und erneut 20 Minuten kühl stellen. Hinweis: Die Ruhepausen sind wichtig, damit der Hefeteig nicht reißt.

7. Den Backofen auf 200 °C vorheizen. Ein Backblech mit Backpapier belegen. Die Teigrollen auf das Blech legen und auf der mittleren Schiene des vorgeheizten Backofens 12 Minuten backen. Die Temperatur auf 170 °C reduzieren und die Rollen weitere 30 Minuten backen.

8. Für die Fertigstellung die Butter zerlassen und kurz abkühlen lassen. Die Teigrollen nach dem Backen damit bestreichen und in Zucker wälzen. In Alufolie gewickelt und bei 10 bis 12 °C gelagert, sind die Teigrollen sehr gut haltbar und gewinnen mit der Zeit sogar noch an Geschmack. Erst kurz vor dem Servieren werden sie mit einem scharfen Messer in ca. 1,5 Zentimeter dicke Scheiben geschnitten.

VARIANTE

Natürlich können Sie nach diesem Rezept auch einen Christstollen backen. Die angegebenen Mengen reichen für 1 Stollen. Allerdings wird empfohlen, die Mengen zu verdoppeln und gleich zwei Stollen herzustellen: Christstollen sind lange haltbar und als Mitbringsel sind sie in der Weihnachtszeit stets willkommen.

Zutaten und Zubereitung bis Punkt 4 wie für die Christstollentaler. Auch Punkt 5 bleibt gleich, allerdings wird nur eine Kugel geformt. Dann wie folgt vorgehen: Die Teigkugel in eine längliche Form bringen (etwa 30 cm) und erneut 20 Minuten kühl stellen. Den Backofen auf 200 °C vorheizen. Ein Backblech mit Backpapier belegen. Das längliche Teigstück mit dem Rollholz in der Mitte so bearbeiten, dass an den Längsseiten dickere Wülste entstehen.
An den kurzen Seiten den Teig etwas einschlagen, dann längsseits zur bekannten Stollenform zusammenklappen und auf das Backblech legen. Den Stollen auf der unteren Schiene des vorgeheizten Backofens 15 Minuten backen. Die Temperatur auf 170 °C reduzieren und den Stollen dann in weiteren 45 Minuten hellbraun backen. Für die Fertigstellung die Butter zerlassen und kurz abkühlen lassen. Den Stollen direkt nach dem Backen damit bestreichen und in Zucker wälzen. Der Stollen ist in Alufolie gewickelt und bei 10 bis 12 °C gelagert sehr gut haltbar.

Heinemann-Tipp

Wenn Sie aus dem Christstollen einen Marzipanstollen machen möchten, können Sie 150 bis 200 Gramm Marzipanrohmasse mit etwas gehacktem Orangeat und 2 Esslöffeln Grand Marnier zusammenkneten, daraus eine Rolle formen und diese vor dem Umklappen auf den flach gedrückten Teig legen.

INFO

Christstollentaler oder -konfekt werden immer populärer und in der Vorweihnachtszeit häufig von Konditoreien angeboten. Selbst gemacht schmecken sie aber viel besser und können auf Wunsch nicht ganz so süß zubereitet werden. Auch lassen sie sich viel leichter in kleinen Portionen genießen als die oft allzu großen Scheiben des klassischen Stollens.

GLOSSAR

Abglänzen Das abschließende Bestreichen des Gebäcks mit Tortenguss, Marmelade oder Gebäcklack (Seite 124). Dadurch erhält das Gebäck einen appetitlichen Glanz.

Angleichen Damit ist ein Verfahren gemeint, durch das zwei in ihrer Konsistenz oder Temperatur verschiedene Massen optimal gemischt werden können. Dazu wird eine Masse zunächst nur mit einem kleinen Teil der zweiten Masse verrührt, bevor der Rest der zweiten Masse hinzugegeben wird.

Ausrollen Ein Trick, um Teig gleichmäßig ausrollen zu können: Eine ebene Arbeitsfläche mit Backpapier bedecken und seitlich zwei abgeflachte Holzleisten in der für den Teig gewünschten Dicke hinlegen. Den Teig zwischen die Leisten geben und ausrollen, bis das Rollholz auf beiden Seiten durchgehend auf den Holzleisten aufliegt.

Blanchieren Damit ist das kurzzeitige Eintauchen von Obst, Gemüse oder Fleisch in kochendes Wasser gemeint.

Canache-Creme Auch »Pariser Creme« oder »Ganache« genannt. Eine zarte, leicht schmelzende Creme aus frischer Sahne und Schokolade, die meist als Basis für Pralinen, gelegentlich aber auch als Belag oder Füllung für Gebäck dient.

Dressieren Dekoratives Aufspritzen von Teig, Creme oder einer anderen Masse mithilfe eines Spritzbeutels.

Fondant Diese weiße, zartschmelzende Zuckermasse ist eine ideale Grundlage für glänzende Glasuren. Fondant kann beim Konditor gekauft werden, findet sich aber auch in einigen gut sortierten Kaufhäusern. Zum Schmelzen wird Fondant im Wasserbad auf 30 °C erhitzt. Fondant kann man formen, aromatisieren und mit Lebensmittelfarbe färben. Sie können Fondant auch online bestellen, zum Beispiel unter www.hobbybaeckerversand.de oder unter www.tortissimo.de.

Gelatine einweichen Falls nicht anders angegeben, sollte Gelatine immer in einer großen Schale in kaltem Wasser etwa 30 Minuten eingeweicht werden. Dann ist die Gelatine für die im Rezept beschriebene Verwendung bereit.

Kuvertüre Sehr reine Schokolade mit hohem Kakaobutteranteil, der dafür sorgt, dass Kuvertüre sich besonders gut für Glasuren eignet. Es gibt dunkle, helle und weiße Kuvertüre, die von der Farbe und vom Kakaogehalt her Halbbitterschokolade, Vollmilchschokolade und weißer Schokolade entsprechen.

Läuterzucker Zur Herstellung von Läuterzucker mischen Sie Zucker und Wasser zu gleichen Teilen (beispielsweise 500 ml Wasser und 500 g Zucker), kochen die Mischung auf und lassen sie weiter köcheln, bis sich der Zucker vollständig gelöst hat. Läuterzucker ist fast unbegrenzt haltbar und kann deshalb gut auf Vorrat hergestellt werden.

Reis blanchieren Zur Verwendung von Reis in Füllungen empfiehlt es sich, ihn vor dem Garen kurz zu blanchieren. Dazu Wasser zum Kochen bringen, dann den

Reis zugeben und etwa 1 Minute köcheln lassen. Anschließend in ein Sieb geben und gut abtropfen lassen.

Sahne Für alle Rezepte sollte frische Sahne verwendet werden, bevorzugt Bio-Sahne. Nach Möglichkeit keine haltbare, ultrahocherhitzte Sahne verwenden.

Spritzbeutel Gelegentlich auch Dressierbeutel genannt. Dieser kegelförmige Beutel kann mit unterschiedlichen Tüllen versehen werden und dient zum Einfüllen oder Aufspritzen von Teig, Cremes und anderen zähflüssigen Zutaten.

Temperieren Damit ist eine Methode gemeint, Schokolade/Kuvertüre flüssig zu machen, die dafür sorgt, dass sie nach dem Erkalten wieder fest wird und schön glänzt. Dazu wie folgt vorgehen:
1. Kuvertüre raspeln oder in kleine Stückchen hacken. Wasserbad mit heißem, aber nicht kochenden Wasser vorbereiten.
2. Etwa drei Viertel der zerkleinerten Kuvertüre in einer Schale ins Wasserbad geben und unter gelegentlichem Rühren bei ca. 40 °C schmelzen (mit einem Speisethermometer prüfen), bis alles aufgelöst ist. Die Schale kann schon vor dem Schmelzen der letzten Stückchen aus dem Wasserbad genommen werden.
3. Jetzt die restliche geriebene oder kleingehackte Kuvertüre in kleinen Portionen in die warme Kuvertüre rühren. Dadurch wird die aufgelöste Kuvertüre mit »guten« Kakaobutterkristallen geimpft. Wenn die Kuvertüre beginnt, dick zu werden, ist ausreichend geriebene Kuvertüre untergerührt.
4. Die abgekühlte Kuvertüre erneut auf etwa 32 °C erwärmen (mit einem Speisethermometer prüfen), dann ist sie flüssig genug, um problemlos verarbeitet zu werden.

Touren geben/Tourieren Das Verfahren, wodurch Plunder- und Blätterteig ihre spezielle »blättrige« Konsistenz erhalten. Dabei wird Butter mit Teig umhüllt, flach ausgerollt, dann ein- oder zweimal zusammengefaltet, um 90 Grad gedreht und erneut ausgerollt. Das Touren (Teigplatte drehen, falten, ausrollen) wird meist mehrfach wiederholt.

Vanilleschote Sowohl das Mark der Vanilleschote als auch die in der Außenhaut enthaltenen ätherischen Öle geben Geschmack. Nach dem Auskratzen können die Außenhäute der Vanilleschoten für die Herstellung von Vanillezucker verwendet werden.

Vanillezucker Für feinsten Vanillezucker werden die ausgekratzten Vanilleschoten warm abgewaschen, gut getrocknet und zusammen mit Zucker in eine gut schließende Dose oder ein Schraubglas gegeben. Die Schoten können auch vorher zusammen mit Zucker im Mixer zerkleinert werden. Dann schmeckt der Zucker noch intensiver nach Vanille.

Zur Rose abziehen Dabei wird eine Creme mit Eigelb bei geringer Hitze oder im Wasserbad unter ständigem Rühren auf 75 bis 85 °C erhitzt. Gelegentlich wird ein Holzlöffel in die Creme getaucht, herausgezogen und auf den Löffelrücken gepustet. Bilden sich sichtbare Wellen in Form von Rosenblüten, die nicht wieder verlaufen, hat die Creme die richtige Konsistenz.

Heinz-Richard Heinemann

Heinz-Richard Heinemann bekam das Konditorhandwerk von seinem Vater Hermann Heinemann in die Wiege gelegt. Nicht nur die berühmte Herrentorte, auch ein für die Nachkriegszeit ungemein wichtiger Ersatz für Sahne, der aus Fett und Eiweiß hergestellt wurde, machte die »Hermann Heinemann Konditorei« in Mönchengladbach schon in den 1950er Jahren berühmt. Abgesehen davon war es das beständige Streben nach bester Qualität, das von Anfang an die Basis für den Erfolg der Heinemann-Konditorei bildete.

Heinz-Richard Heinemann lernte sein Handwerk als Lehrling in der renommierten Confiserie Mojonnier in Lausanne und als Geselle in der Confiserie Sprüngli in Zürich. Letztere hat nichts mit der Schokoladenfabrik Lindt & Sprüngli, dafür eine Menge mit den delikaten und international bekannten und beliebten »Luxemburgerli«-Makronen zu tun.

Als eidgenössisch diplomierter Konditor- und Confiseur-Meister sammelte er zunächst Erfahrungen bei Lenôtre in Paris, dann in London und Kopenhagen, bevor er nach Deutschland zurückkehrte und in den elterlichen Betrieb einstieg.

Heinz-Richard Heinemann ist unter anderem Mitglied im Club des Croqueurs (Paris), im Relais Desserts International (Vereinigung der 80 besten Konditoren in Europa), in Eurotoques (Gemeinschaft der Köche und Konditoren Europas zur Erhaltung des ökologischen Gleichgewichts, bietet auch Geschmacksschulungen an) und Förderer von Slow Food. Darüber hinaus kann er regelmäßig in Live-Beiträgen im ZDF-Morgenmagazin »Volle Kanne« bewundert werden.

Heinemann arbeitet nach wie vor streng handwerklich, wie er es von seinem Vater und seinen anderen Lehrern gelernt hat. Sein Erfolgsrezept, das er auch den Käufern dieses Buches wärmstens ans Herz legen möchte: »Frische, gute Zutaten, vereint mit Liebe und Sorgfalt bei der Verarbeitung, garantieren immer noch die besten und köstlichsten Ergebnisse!«

Relais Desserts
Heinz-Richard
HEINEMANN

REZEPTREGISTER

ZUTATEN- UND SACHREGISTER

ÜBER DIESES BUCH

Redaktionsleitung
Susanne Kirstein
Projektleitung
Eva Wagner
Layout
v|Büro – Jan-Dirk Hansen, München
Gesamtproducing
Eva M. Salzgeber
Redaktion
Nina Andres, München
Bildredaktion Tanja Nerger
Korrektorat Barbara Kohl
Projektvermittlung
ABC Medienagentur, Augsburg
Umschlaggestaltung
R.M.E. Eschelbeck/Kreuzer/Botzenhardt
Litho Artilitho, Lavis (Trento)
Druck und Verarbeitung
Mohn media Mohndruck GmbH,
Gütersloh

Printed in Germany

FSC
Mix
Produktgruppe aus vorbildlich bewirtschafteten Wäldern und anderen kontrollierten Herkünften
Zert.-Nr. SGS-COC-001425
www.fsc.org
© 1996 Forest Stewardship Council

Verlagsgruppe Random House · FSC-DEU-0100
Das für diesen Titel verwendetete FSC-zertifizierte Papier *Profisilk* wurde produziert von Sappi Alfeld und geliefert durch die IGEPA.

ISBN 978-3-517-08572-2
9817 2635 4453 6271

DER CO-AUTOR

Niklas Schaab ist Kulturwissenschaftler und Genussmensch. Er schreibt als Texter, Journalist und Buchautor zu den verschiedensten Themen und hat unter anderem Restaurantkritiken sowie Bücher über gesunde Lebensweise und Ernährung verfasst. Seine Leidenschaft für gutes Gebäck in allen Formen begann in der Kindheit und setzt sich bis zum heutigen Tag fort.

BILDNACHWEIS

Fotos: Maja Smend
Foodstyling: Kim
Styling (Requisiten): Kim Morphew
mit Ausnahme von:
Heinemann Heinz-Richard (Privatarchiv): 139 (Werbefotografie Weiss-Henseler e. K.); Istockphoto: 15 (Jill Chen); Picture Press, Hamburg: 57 (Heino Banderob); Shutterstock: 86 (Wolfgang Amri); Stock Food, München: 7 (Michael Paul), 8 (Food Photogr. Eising), 11 (Francis Hammond), 47 (Judd Pilossof), 107 (RF); Südwest Verlag München: 25, 29, 32, 36, 42, 47, 59, 114 (Freisteller Archiv)

HINWEIS

Die Ratschläge/Informationen in diesem Buch sind von Autoren und Verlag sorgfältig erwogen und geprüft. Dennoch kann eine Garantie nicht übernommen werden. Eine Haftung der Autoren bzw. des Verlags und seiner Beauftragten für Personen-, Sach- und Vermögensschäden ist ausgeschlossen.

IMPRESSUM